读客中国史入门文库

顺着文库编号读历史,中国史来龙去脉无比清晰!

不用背照样学好
中国史

林欣浩 著

江苏凤凰文艺出版社
JIANGSU PHOENIX LITERATURE AND
ART PUBLISHING

图书在版编目(CIP)数据

不用背照样学好中国史 / 林欣浩著 . -- 南京：江苏凤凰文艺出版社，2024.4
ISBN 978-7-5594-8259-4

Ⅰ.①不… Ⅱ.①林… Ⅲ.①中国历史 – 普及读物 Ⅳ.① K209

中国国家版本馆 CIP 数据核字 (2024) 第 008568 号

不用背照样学好中国史

林欣浩 著

责任编辑	丁小卉
特约编辑	陈雨珩　　周晓雁
文字编辑	何德泉
封面设计	申碧莹
责任印制	杨　丹
出版发行	江苏凤凰文艺出版社
	南京市中央路 165 号，邮编：210009
网　　址	http://www.jswenyi.com
印　　刷	三河市龙大印装有限公司
开　　本	880 毫米 ×1230 毫米　1/32
印　　张	7.75
字　　数	210 千字
版　　次	2024 年 4 月第 1 版
印　　次	2024 年 4 月第 1 次印刷
标准书号	ISBN 978-7-5594-8259-4
定　　价	39.90 元

江苏凤凰文艺版图书凡印刷、装订错误，可向出版社调换，联系电话：010-87681002。

目 录

▶ 001　**绪　言**　假如我给皇帝布置任务

▶ 006　假如你是生存游戏的战队队长（一）—— *黄河文明*

▶ 012　假如你是生存游戏的战队队长（二）—— *部落联盟制*

▶ 019　假如世界上真的有神仙 —— *天命观*

▶ 026　为什么皇帝不用听他大爷的话 —— *宗法制*

▶ 032　假如你有一个很讨厌的亲戚 —— *盐铁专卖*

▶ 037　假如你是春秋战国时的君主 —— *诸子百家*

- 050　假如秦始皇遇见了时光穿越者 —— *郡县制*
- 057　假如你是秦朝的一名县令 —— *父老制*
- 066　假如你必须现场造一台机器人 —— *郡国制*
- 071　假如你是打赢了仗的汉武帝 —— *草原文明*
- 079　假如你是打开时光之门的汉武帝 —— *盐铁专卖*
- 087　假如你捡到一本拯救世界的秘籍 —— *王莽新政*
- 094　假如你是东汉末年的老百姓 —— *屯田制*
- 100　假如你和全校同学都被传送到孤岛上 —— *士族门阀*
- 113　假如你是西晋末年的贵族 —— *门阀贵族*
- 120　假如你是打算汉化的北魏君主 —— *均田制*
- 129　假如你的武功天下第一 —— *府兵制*

▶ 140　　**中场游戏**　　三步画出极简中国地图

▶ 146　　假如你是被关在办公室里的校长 —— *募兵制*

▶ 158　　假如你是房间里的国王 —— *宋初制度*

▶ 166　　假如宋朝是一艘宇宙飞船 —— *熙宁变法*

▶ 174　　假如皇帝加歪了属性点 —— *元明制度*

▶ 187　　假如你是心系国家的明朝大臣 —— *明代皇权*

▶ 206　　假如历史是一场开卷考试 —— *秘密奏折*

▶ 216　　假如把安禄山传送到清朝 —— *文字狱*

▶ 224　　假如陨石摧毁英伦三岛 —— *火耗归公*

▶ 233　　假如中国历史是一艘船 —— *五分钟记住中国史*

绪　言
假如我给皇帝布置任务

中国历史那么悠久，历史知识浩如烟海，怎么才能快速搞清楚其中的规律呢？

我们来玩个游戏吧。

假如你是一档综艺节目的制作人，节目组有一台时光穿梭机，可以穿越到古代拜访真实的历史人物。这一期要制作的节目叫作"不可能的任务大挑战"，我们要从中国古代的历史中选择四位皇帝，让他们完成一项不可能完成的任务：在皇宫的大殿门口建造一座"皮卡丘"的巨型雕像。

古代的皇宫大殿是国家最庄严的地方之一，要在这么严肃的地方立一座可爱的皮卡丘雕像，肯定有很多人无法接受。就算皇帝本人想要完成这个任务，他的大臣们也不会答应吧。我们就来看看，古代的皇帝们到底会怎么办。

我们进入时光穿梭机，先来到第一个朝代：秦朝，拜访刚统一六国的秦始皇。

秦始皇一听到我们的任务就乐了，对我们说："你们这个节目的名字真的叫'不可能的任务大挑战'？可是这有什么不可能的呢？不就是立座雕像吗？"

他招招手，把负责建筑的大臣叫过来："我要在皇宫门口立一座……什么来着？皮卡丘是吧？给我立一座皮卡丘，给你三天时间，干不完什么后果你自己知道。"

大臣连忙说："用不着三天，用不着三天，两天就能干完！"

结果只用了一天时间，皮卡丘的雕像就立好了。但在这一过程中，很多老百姓都累死了，秦始皇却满不在乎。

这就是秦始皇的时代。皇帝想干什么就干什么，没有人敢反对。

咱们又来到下一个朝代：东晋，看看东晋的皇帝怎么完成这个任务。

这位东晋的皇帝听完我们的要求后，背着手开始在宫殿里转圈，一边转圈一边叹气。足足转了二十圈以后，他一把抓住我们的手，眼泪掉了下来："我说大兄弟们，我是真想给你们办事。我这宫殿里你们要是看上啥随便拿走，我不带有二话的！但是要在皇宫门口立一座什么皮卡丘……我真做不了主，这皇宫也不是我一个人的呀！我要想办这事儿吧，得先去找皇宫外的几个大家族商量。什么王家啊，谢家啊，他们都点头同意了，我才能办。但是我害怕啊，这要求太过分了，我都不敢开这个口。"

这是东晋的皇帝，很多国家大事他做不了主，想做也要看其他大家族的脸色。

咱们再看第三位皇帝，北宋的皇帝。我们拜访脾气特别好的宋仁宗，看看他能把这事儿办了不。

宋仁宗很热情，一听我们的要求就说："没问题没问题，这事儿我同意。但是光我同意没用，我得先跟大臣们开个会。"

于是宋仁宗叫来一帮大臣，坐满了一间屋子。皇帝说："我有一个不成熟的想法啊，咱们商量商量，我想在皇宫门口立一座皮卡丘……"

皇帝还没说完，大臣们就已经炸开了锅。有的大臣站起来就跟皇帝瞪眼："皇上，您是没睡醒吗？我问您，第一，这事儿您的父辈们会不会做？第二，古代的圣贤会不会做？他们都不会做，这就叫不符合'祖宗家法'，这是您想干就能干的吗？"仁宗说："别急啊，我又没说一定要办啊，咱先商量商量还不行嘛。我有这么几个理由……"

结果这事儿就一直商量下去了，断断续续商量了半年多，可最后还是没商量出个结果来。到最后仁宗实在没办法了，把我们叫过去说："你们看，这事儿我也尽力了，可是我真的办不下去了。再吵下去连国家的日常工作都耽误了，要不算了吧。"

这就是宋朝的皇帝。宋朝皇帝办事需要考虑大臣的看法，有些争议大的事情办起来特别费劲。

咱们再看最后一位皇帝，清朝的乾隆皇帝。

我们坐着时光穿梭机，唰啦一下到了清朝。乾隆皇帝一听这任务特别感兴趣，因为他自认为是"千古一帝"，比古代所有的帝王都了不起，所以这种帝王之间的比赛他当然要参加，还一定要拿第一。可是怎么拿第一呢？乾隆也有点儿为难。他对我们说："我们大清朝跟过去那些王朝可不一样，我们做事特别讲规矩。你们要在紫禁城的大殿门口立一座皮卡丘，这事儿确实有点儿难度，但是没问题，我能把这事儿给办了。"

于是乾隆找了几个大臣，在他的小书房里开了个会。这些大臣的态度跟宋朝大臣就不一样，一个个小心谨慎，大气都不敢出。乾隆就跟大臣们说，他想立一座皮卡丘。

一听这话，大臣们为难了："祖宗没这个规矩……皇宫里立一座皮卡丘也不成体统……"要说"行"吧，觉得这事儿实在不妥；要说"不行"吧，也没人敢开这个口。于是一群人只好东拉西扯地在那儿僵持着。

乾隆全程都没说话，一直在玩手上的扳指儿。等到大臣们都说完了，乾隆看着手里的扳指儿自言自语："你们一个个都挺能说会道的啊，说的都很有道理。祖宗很重要，规矩也很重要。怎么能破坏规矩呢？有道理有道理，这座皮卡丘不能立。不过呢，皮卡丘也挺可爱的啊？好，就听你们的，不立了，都退下吧！"

还没等大臣们跪下谢恩呢，乾隆站起来甩手就走了。

几个大臣跪在地上你看着我，我看着你，脸上都是汗。大家一交换眼神，明白这事儿该怎么办了，几个人出了皇宫赶紧去找工匠。

等到第二天一大早，几个大臣连滚带爬地冲进皇宫，跪在乾隆面前说："皇上！大喜！昨天夜里从天上掉下来一座皮卡丘雕像，正好落在皇宫大殿的门口！这是老天爷在表扬您！您真是赛过尧舜禹汤的好皇帝！"

这就是清朝的皇帝。表面上受到规矩的制约，实际上权力都在皇帝一个人的手里。

我们已经拜访完四位皇帝。这四位皇帝办事的方式反映了古代皇帝权力大小的变化规律。我们可以把中国古代所有有皇帝的王朝分成三个阶段：

［秦—汉—两晋南北朝］—［隋—唐—五代十国］—［宋—元—明—清］

我们拜访了四位皇帝，他们所处的时代正好是第一阶段的一头一尾和第三阶段的一头一尾。

第一阶段历史的特点是，皇帝的权力越来越小。秦始皇想干什么就干什么，等到两晋南北朝的时候，皇帝做事要先征求大家族的意见。

第三阶段历史的特点是，皇帝的权力越来越大。宋朝皇帝做事要和大臣们商量，清朝皇帝做事就不太用考虑大臣们的想法了。

中间的第二阶段"隋—唐—五代十国"是过渡期，中国历史从"大家族掌权"的时代过渡到"皇帝和读书人一起管理国家"的时代。因为隋和五代十国的时间比较短，所以我们也可以简单地说，唐朝就是中国历史的过渡期，唐朝把中国历史分成了前后两部分。

如果你觉得这么解释历史还是很麻烦，也没有关系，接下来，我们还会进行各种角色扮演游戏。通过这些游戏，我们能了解中国古代最重要的历史规律，复杂的历史就变得既清楚又简单啦。

假如你是生存游戏的战队队长（一）

黄河文明

从现在开始，我们要按照时间顺序从头体验一遍中国古代史。

这一次，我们来玩一款网络生存游戏。你可能听说过这么一种游戏：很多玩家集中在一张地图上，大家可以自由地收集装备，互相进攻，谁能在限定时间内生存下来，谁就可以获胜。我们要玩的这款游戏规则与之类似，只是游戏系统的设定更加真实。具体的规则是这样的：

第一，游戏的背景是原始时代，所有玩家直接"空降"到游戏世界，身上没有任何装备，一切资源都要从大自然中获取。

第二，玩家角色的设定贴近真实世界，角色饿了、渴了、累了、受伤了，都可能危及生命。我们得尽量让角色吃饱穿暖，得到良好的休息。玩家之间可以随意攻击，不会受到惩罚。

第三，游戏的时间很长，按照游戏里的时间计算，我们要生存十年。当然，单个人是很难在这种游戏环境里生存下去的，因此我们以小队为单位进行游戏。谁的战队生存的时间最长，就算谁赢。

假如你现在是其中一支战队的队长,有一群玩家听从你的指挥,你会采用什么样的游戏策略呢?

我想,首先要解决的是吃喝问题。因为这款游戏的设定贴近真实,三天不吃饭,角色就饿得啥都干不了了。

当我们出生在原始时代,没有任何装备,最快速、最方便地获取食物的办法就是直接从自然界采集,其中最容易的就是摘果子。等到大家有经验了,还可以想办法抓小型动物,甚至围猎大型动物。大型动物能提供很多热量,围猎还能锻炼队伍的协作性和战斗力,围猎大型动物对求生的好处太多了。所以我能想到的第一个策略,是让队伍里身体弱小的同伴采集果实,身体强壮的去打猎。如果遇到落单的其他玩家,还可以招募或者消灭他。用这个策略,咱们战队在游戏早期应该是最强的。

但是接下来会遇到新的问题。因为游戏的生存时间是十年,等游戏世界到了冬天,野外没有果实,动物也变少了。那还怎么采集和打猎呢?所以在冬天到来之前,我们要努力储藏食物,多弄一些水果和肉,保存起来。

储存食物又会带来新的问题。我们储备的食物需要供十几个人甚至几十个人吃上一个冬天,这么多食物又不能随身携带,只能找一个安全的地方储存起来,比如找个干燥的山洞。

有了这个山洞后,新的问题又出现了。这个山洞现在成了咱们战队最大的弱点。过去咱们遇到其他战队,打不过可以逃跑。现在有了这个山洞,别人打过来咱们就不能跑了,所以接下来还要想办法守住这个山洞。

事情越来越复杂了吧?

那山洞怎么防守呢?即便在原始时代,也有很多办法。比如我们可以利用地形的优势把食物储存在悬崖上；在必经之路上造一些工事，如果路口太宽，就挖一条壕沟或者用大石头堵上，或者设置陷阱。在原始时代，这些工作非常累人，好在做完这些我们就安全了。

经过艰苦的劳动，我们终于有了一个理想的基地。基地有存粮，还有防御工事，我们可以安心地住下来了。如果同伴们生病或者受伤，这时也可以躺下休息，不用担心被队伍抛弃了。

可是，这种安心的生活持续不了太久。因为自然界里的食物分布密度很低，原始时代的果实又小又涩，一大片森林里的果实也不够几个人吃的。打猎又会把动物赶跑。所以我们在基地里生活一段时间后会发现，周围的树上没有果实了，也没有几只动物可以抓了。过去在采集果实和打猎的时候，我们可以经常换地方生活，哪里食物多就去哪里。现在有了精心建造的基地，随便放弃太可惜了，那怎么办呢？有一个办法：我们可以自己种粮食。换句话说，我们可以通过种地的方式增加基地附近可食用植物的分布密度。过去果实是稀稀拉拉生长的，现在我们密密麻麻地种植它们，给它们施肥、浇水、除虫，让每一棵植物都能结出更多的果实。这样做虽然很辛苦，但是做好后我们不需要搬家就可以吃饱，我们就可以永远住在这个基地里了。

由于不用搬家，我们可以不断加固基地，还可以盖房子、造家具，让自己过得更舒服。只要粮食生产得够多，防御设施足够坚固，我们在游戏里几乎是无敌的。

所以当这个游戏玩到第二年或第三年的时候，我们会发现，在游戏里能够生存下来的大都是像我们一样关起门来种田的队伍。那些只靠打猎谋生的队伍基本被淘汰了。

如果游戏里所有玩家都在种田，那么接下来什么样的队伍会赢呢？大家都在种田，那影响输赢的最大因素是什么呢？是种田有多努力吗？

不，其实是运气。

当大家都关起门来种田的时候，基地的地理环境就成了决定胜负的最大因素。如果我们的基地附近能耕作的土地面积大、很肥沃，周围有水源，还有可以用来防御的天然地形，那我们就有很大的优势。只要我们老老实实把田种好，时间拖得越久，获胜的可能性就越大。

如果这真的是一款网络游戏，我们玩到现在肯定会很生气：一款游戏的胜负怎么能靠运气呢？这游戏设计得太不合理了！可是在真实的历史里，运气偏偏就是很重要的因素之一。咱们刚才玩游戏的过程，就是真实历史里原始部落发展的过程。

在原始时代，早期的人类主要靠采集果实和打猎谋生。后来人类发现种田的好处，开始定居，开垦农田，建造房屋。其中有一些部落定居的位置比较优越，他们就有机会发展成更强大的文明。

那什么样的位置才算是好位置呢？历史学者发现，世界上最强大的早期文明的地理位置有两个特点：[1]

第一，这些文明都出现在大河旁边。因为大河旁边的土地大部分都很松软，不需要金属农具就能开垦，土质也很肥沃。此外，大河还能提供水源。

第二，离这些文明稍远一点儿的地方因为土地干燥或者地形崎岖，不适合耕种。这样一来，离大河较远的地方就不会产生强大的

---

[1] 韩茂莉：《中国历史地理十五讲》，北京大学出版社，2015，第36页。

部落。生活在河边的部落也就不用面对强大的敌人了。

我们国家就有这样的地方，就是黄河中下游地区。中国早期的夏文明和商文明都在这片地区。[1]中国的古代文明离不开黄河流域，所以我们才常说黄河是我们的"母亲河"，我们都是黄河的儿女。

那么，定居在黄河流域的先辈们，又会遇到哪些挑战呢？

---

1 傅筑夫：《中国封建社会经济史：第三卷》，人民出版社，1984，第10页。

为什么所有的文明都有关于大洪水的神话?

  在中国上古的传说里,"大禹治水"的故事特别有名。巧合的是,世界各大古文明几乎都有关于大洪水的传说,而且传说中洪水规模特别大,甚至整个世界都被洪水淹没。因此有人猜测,在人类的原始时代是不是真的出现过一场席卷全球的大洪水?要不怎么解释这么多地区的古文明都诞生了相类似的传说呢?

  可是在地质学上,目前还找不到这样的证据。徐旭生先生提出了另一种解释:在远古时代,重要的农耕文明都在大河边上;而地球上的降水是有周期的,经过几十年到上百年的时间,降水量会大幅增加,导致河水泛滥。农耕文明的农田和房屋都不能移动,河水泛滥对于他们来说就是灭顶之灾。原始部落的活动范围很小,这些洪水在他们看来就相当于毁灭了全世界,因此每个文明都会有关于超级大洪水的记忆。[1]徐先生的解释还缺乏证据,但是从逻辑上看似乎比较合理。

---

1 徐旭生:《中国古史的传说时代》,广西师范大学出版社,2003,第149—152页。徐先生认为公元前104年还没有水井,所以之前的古文明都离水边不太远。今天的考古学家认为水井出现的时间要比这个时间早很多,不过徐先生的解释仍然有参考价值。

假如你是生存游戏的战队队长（二）

部落联盟制

我们接着玩上次的网络生存游戏，看哪一队玩家在原始时代生存的时间最长。这局游戏我们玩得非常顺利，基地的位置易守难攻，又有好多可以耕种的土地。于是我们战队的实力越来越强大，加入我们战队的玩家也越来越多。这么玩下去，感觉必赢啊，都可以直接"挂机"啦！[1]

可是游戏开发商才不会让咱们这么轻易地获胜。很快，我们就发现这款游戏有个狡猾的设计：战队的人数是有上限的，我们不能无限地招募其他玩家。战队人数有限，也就意味着我们能防守的地盘、能耕种的土地都是有限的。当然，别的战队也有同样的人数上限，所以我们的战队依旧是全服务器最强的。那接下来我们应该采取什么策略，才能保证自己永远是最强的呢？

因为我们能占有的土地有限，所以在基地周围会有一些能够耕

---

1 挂机，网络游戏用语，此处指玩家一方的优势很大，即使不操作也能取胜。

种的土地没法儿占领。如果别的战队的玩家在那里建立基地，那就是隐患啊。因此我们能想到的一个策略，就是定期巡视这些土地，把盘踞在上面的玩家打败。

那么问题来了，由于我们战队的人数已经满了，我们打败这些玩家后，并不能把他们招募进来，那我们应该怎么对待他们呢？

最简单的选择，是把这些玩家的游戏角色彻底消灭掉。我们和他们又不熟，他们的存在又对我们构成威胁，那消灭他们不就好了吗？我们在最强大的时候消灭掉每一个威胁，不就可以一直强大了吗？在真实的网络游戏里，很多玩家都是这么干的。

但是，如果游戏里玩家的总数远远超过我们战队的人数呢？如果整个服务器的玩家是我们战队人数的上百倍、上千倍，我们消灭敌对角色的速度永远赶不上玩家新建游戏角色的速度，那"见一个消灭一个"还是最优解吗？

还有没有更好的办法呢？

中国古代的"黄帝"，想到了更好的办法。

"黄帝"是个传说中的人物。相传，在比夏、商、周更早的时代，中国大地上的统治者叫作"三皇五帝"，他们有的可以活好几百岁，拥有超越凡人的能力。"黄帝"就是"三皇五帝"中的一个。

当然，世界上并没有神话人物。但是"黄帝"的说法也不是空穴来风。历史学家认为，"黄帝"最早可能是部落里某一个英雄人物的名字，因为这个人太有名了，等他死后，人们就用他的名字指代这个部落。古人的历史书里说"黄帝"做过的各种事，其实说的是"黄帝这个人所属的部落"做的事。[1]所以古人才会说"黄帝"活了好几百岁，其实说的是这个部落存续了好几百年。

"黄帝部落"在中国历史上的地位非常重要。黄帝部落生活在当时最适合发展农业的地方——黄河中下游地区，也就是我们常说的"中原"。

在刚才的游戏里，获胜最重要的因素之一是找到一个好位置。黄帝部落因为占据了中原最好的土地，所以拥有的粮食最多，人口也最多。人口多了，战斗力就强。黄帝部落在发展的过程中不断向周边扩张，把附近的部落都打败了。

问题是，打赢战争后，黄帝部落应该拿那些被打败的部落怎么办？

首先，黄帝部落能不能直接占领这些地区，使其成为自己的领土？

答案是不行。这是因为当时的文明太原始了，还没有复杂的文字，也不能形成复杂的社会关系。大家在同一个部落里一起生活的时候，可以分出来谁是首领谁是部下。如果大家长期分散在不同的地区，就没法儿维持这种上下级关系了。

打个不太恰当的比方，好比同一个小区的一群小朋友总在一起玩，其中最有领导能力的小朋友可以成为"孩子王"。但是就算"孩子王"再有能力，他也只能影响自己这个小区，其他小区的小朋友不会听他的话的，因为大家不总在一块儿玩嘛。

黄帝时代各部落的情况与之类似。那时候部落主要靠首领直接管理，人太多首领就管理不过来了，所以部落大小是有上限的。因

---

[1] 徐旭生：《中国古史的传说时代》，广西师范大学出版社，2003，第45页。

此，当时一个部落打败了另一个部落后，一般的做法是劫掠和毁灭。把财物和人口抢走，把房子烧掉，这样才能让自己的利益最大化。

但是黄帝部落的首领想到一个超越时代的办法。他把别的部落打败后，跟战败的部落首领提条件："你们的部落可以继续生活，条件是以后要听我们部落的话，定期给我们的部落送上贡品。"黄帝部落和别的部落打仗，战败的部落要跟着帮忙，如果打赢了大家还可以一起分战利品。战败的部落一听，这样既不会被消灭还有机会拿到战利品，当然就痛快地答应了。

我们今天管这种模式叫"部落联盟制度"。从今天的视角看，我们会觉得这个思路很普通，不就是结盟嘛。可是跟当时的其他部落的做法相比，这可是非常了不起的做法。毁灭和劫掠的模式会让自己的部落遇到成长瓶颈，结盟却能让力量成倍增长。

这还不是黄帝部落最厉害的地方。

中原地区十分辽阔，除了黄帝部落组成的联盟外，还有别的部落联盟，其中有个规模很大的叫"炎帝联盟"，盟主是"炎帝"。

当黄帝和炎帝这两个部落联盟碰到一起的时候，就发生了中国历史上赫赫有名的"阪泉之战"。

古人在描述这场战争的时候，说"黄帝"在战争里指挥老虎、豹子和狗熊打败了"炎帝"。[1]这当然只是传说。有的历史学家认为，这里老虎、豹子和狗熊其实是一些原始部落的标志；在真实的

---

1 《大戴礼记·五帝德》："黄帝……教熊罴貔豹虎，以与赤帝战于阪泉之野，三战然后得行其志。"《史记·五帝本纪》："轩辕乃修德振兵，治五气，艺五种，抚万民，度四方，教熊罴貔貅貙虎，以与炎帝战于阪泉之野。"

历史里，黄帝部落带领着以野兽为标志的其他部落，把炎帝联盟打败了。

炎帝联盟被打败后，黄帝部落应该如何对待他们呢？黄帝部落还是选择结盟。于是两个大型的部落联盟联合在一起，形成了一个更大的联盟。这个联盟控制了黄河流域最好的地区，成了当时最强大的势力。

但是这事儿还没完。

黄帝和炎帝结盟后，他们联合在一起，和东边的蚩尤联盟打仗。对黄帝部落来说，这次征战距离十分遥远，相当于跨越今天的好几个省。那时还是石器时代，有一群人拿着石头、木棒当武器，靠自己的双脚走上好几个月去攻打另一个部落。在那个时代，这就是一场史诗级别的远征。

在古人的笔下，关于这场战争的神话传说特别多。比如传说蚩尤在战争中处于劣势的时候，让手下施展法术，召唤狂风暴雨攻击黄帝的军队。黄帝这边请来一个叫作"女魃（bá）"的女神，传说"魃"能带来干旱。[1] 女魃一来，蚩尤召唤的风雨就停了，于是黄帝这边取得了胜利。可是胜利之后女魃不愿意走了。她不走，干旱就不能停。黄帝又想出各种办法把女神请回去。折腾了好久，终于把她请走了，干旱这才结束。[2]

历史学家觉得这段故事也不纯粹是瞎编的。学者考证，在黄帝跟蚩尤打仗的时候正好遇上一次气候的剧烈变化，可能出现了强降

---

[1] 《诗经·大雅·云汉》："旱魃为虐，如惔如焚。"《毛诗正义》卷十八："魃，旱神也。"《说文解字》："魃，旱鬼也。"

[2] 《山海经·大荒北经》："有人衣青衣，名曰黄帝女魃。蚩尤作兵伐黄帝，黄帝乃令应龙攻之冀州之野。应龙畜水，蚩尤请风伯雨师，纵大风雨。黄帝乃下天女曰魃，雨止，遂杀蚩尤。魃不得复上，所居不雨。叔均言之帝，后置之赤水之北。叔均乃为田祖。魃时亡之。所欲逐之者，令曰：'神北行！'先除水道，决通沟渎。"

雨和长期干旱。[1]当时的人们相信世上真的有神仙，巫术真的灵验，所以可能把气候变化当成了神仙的法术。

真实的历史可能是这样的：炎黄联盟和蚩尤联盟打仗的时候，双方的巫师都要作法，祈求神灵帮助自己。在关键时刻，天上突然刮起大风下起大雨。这种变化对蚩尤的军队有利，于是蚩尤这边的巫师就宣布说，是他们的法术成功了，召唤来大风大雨。同一时间，黄帝这边的巫师想阻止风雨，他们按照当时的神话传说施展仪式召唤"女魃"。过了一段时间正好进入了干旱季节，风雨停了，黄帝一方打赢了战争。黄帝一方因此认为自己真的请来了女神。但其实世界上没有神仙啊，干旱季节不能想结束就结束，于是黄帝这边又承受了长时间的干旱，也就只能解释成"女魃"赖着不走了。

总之，在这段历史里，中原地区的小部落通过不断的战争和联盟，逐渐形成了一个大联盟。黄帝是这个大联盟的盟主。你可能还听说过尧、舜、禹，他们都是类似的部落盟主。这段历史里有很多神话传说，它们大都是由真实的历史演变而来的。

---

1 李学勤主编《中国古代文明与国家形成研究》，云南人民出版社，1997，第226—227页。

尧舜禹的"禅（shàn）让制"

尧、舜、禹是传说中中国上古时期的三个帝王。人们一般认为，尧、舜、禹之间传递王位的方式是"禅让制"，也就是上一个帝王没有把王位传给自己的孩子，而是在部落里挑选出一个德行、能力和声望都出众的人，把自己的王位让给他。很多古人都相信这是历史的真相。

但其实，古代有没有出现过禅让制是很值得商榷的。我们今天认为尧、舜、禹之间存在禅让制，主要是因为春秋战国时的古人是这么说的，比如儒家和墨家的学者都这么说。[1]但在同一时期，也有古人认为不存在禅让制，尧、舜、禹之间是用暴力争夺的方式进行王位传承的，比如法家的学者就喜欢这么说。[2]因此对古人来说，这已经是一件可疑的事了。

今天的学者质疑的理由则更多。有的学者认为，尧、舜、禹可能不是具体的某一个人，而是某一个有统治地位的家族的名字。[3]就算尧、舜、禹确有其人，他们也不是真正的帝王。因为当时还没有形成现代意义上的大帝国，只存在部落联盟，所以尧、舜、禹都是部落联盟的盟主。部落联盟的结构是松散的，到底谁有资格领导其他部落呢？如果几个部落的实力差不多，那只能由几个部落的首领坐在一起商量。商量的结果，往往是谁背后支持他的部落最多、最强大，谁就能成为部落联盟的首领。从这个角度也可以说尧、舜、禹时代的首领是大家推举出来的，但是这个推举的背后不是统治者主动辞让，而是大家都想当首领，但是自己说了不算，没办法只能坐下来商量。因此"禅让制"很可能只是古人对过去美好的想象，不代表古人真的具备高尚的道德。

---

1 《尚书·尧典》："昔在帝尧，……将逊于位，让于虞舜。"《论语·尧曰》："尧曰：'咨！尔舜，天之历数在尔躬，允执其中。四海困穷，天禄永终。'舜亦以命禹。"《墨子·尚贤》："古者舜耕历山，陶河濒，渔雷泽，尧得之服泽之阳，举以为天子，与接天下之政，治天下之民。"

2 《古本竹书纪年》："舜囚尧，复偃塞丹朱，使不与父相见也。"《韩非子·说疑》："舜逼尧，禹逼舜，汤放桀，武王伐纣。此四王者，人臣弑其君者也，而天下誉之。"

3 李学勤主编《中国古代文明与国家形成研究》，云南人民出版社，1997，第210页。

假如世界上真的有神仙

天命观

古人认为,这个世界到处都有神仙鬼怪。这些神仙住在高高的山巅、云层的深处或者幽暗的水底。他们有时会来到人间,和人类对话,施展各种神奇的法术。

当然,真实的世界里没有神仙。但是假如有呢?假如世界上真的有神仙,人们会做什么呢?

这一次,我们穿越到三千年前的古代,那时的中华文明比黄帝时代发达了一点儿。城市、宫殿出现了,人类还学会了铸造青铜器。人们开垦了不少农田,但是世界上的大多数地方还是密林和荒原,有许许多多的地方人类从没有涉足过。

如果你生活在这样的世界里,而且世界上真的有神仙,你会做什么呢?

这些神仙就好像漫画里的"超级英雄"。他们有人类的外观,说人类的语言,会飞行,会隐身,偶尔会出现在我们身边。人类通过祭祀、祈祷和占卜跟这些神灵沟通。"祭祀"就好比给神仙寄快递送礼，祭坛上的供品就是给神仙的礼物。"祈祷"就好比给神仙发了一封私信或者一条留言，希望神仙可以看见。"占卜"好比跟神仙开了一个"私聊"窗口，可以直接跟神仙对话——人类想向神仙问什么问题，就让巫师在占卜前祷告提问，占卜的结果就是神仙的回应。总之，这个世界上有好多神仙，而且人类有机会跟他们交朋友。

如果你是这个时代的部落首领，你会做什么呢？

当然是和神仙交朋友了。既然这个世界上有这么强大的力量，那当然要努力"抱他们的大腿"啊。我们应该集合全部落的力量，竭尽全力向神仙祭祀和祈祷。

当时有个部落叫"商"，商部落的首领就是这么想的。那时的人相信世界上真的有神仙，所以把祭祀当作头等大事。商王规定全部落只有他一个人有资格祭祀和占卜，也就是说，只许他一个人跟神仙交朋友。商王把部落里最好的东西献给神仙，用最隆重的仪式祭祀。商部落当时已经是中国最强大的部落，拥有最多的人口和财富，自然他们的祭祀仪式也是全天下最奢华的。如果这个世界上真的有神仙，那商王就是人类中最讨神仙喜欢的人，跟神仙走得最近。那这么看来，商王不就应该天下无敌了吗？

如果你正好是商王的敌人，是他的眼中钉，你该怎么办呢？

前面说到，当年黄帝部落把中原地区的部落都联合在一起，形成了一个巨大的部落联盟。在黄帝部落的统治之后，中国大地上出现了王朝，也就是我们俗称的"朝代"。最早的两个王朝是夏王朝和商王朝，他们使用的还是类似部落联盟的制度。[1]

---

[1] 本书没有详细区分"部落""城邦""方国""国"等概念，因此这里称"类似部落联盟的制度"。

比如商王朝的时候，最强大的势力是商部落，商部落的首领是"商王"。其他小部落向商王表示臣服，定期送上贡品。不过这些小部落内部是独立的，商王不能直接控制他们的土地和人口。[1]这些小部落如果变强大了，还可能拒绝听商王的话，甚至跟商部落打架。所以商王还要隔三岔五地和那些不服从的部落打仗，这样才能保证自己的地位。[2]

我们这次要扮演的也是一个臣服于商王的小部落，名字叫作"周"。

在周部落生活的时代，天下最适合种地的黄河中下游地区已经被商人占领了，按说其他部落很难有机会超过商人。但幸运的是，周人发现了另一处适合种地的地方。这地方在中原的西边，今天的陕西西安（也就是历史上的长安城）附近。

周人发现的这片土地面积没有中原大，但是很容易防守。这片土地的周围都是很高的山，只有几条小路能出入。只要在这几条小路上盖上城墙关隘，周人就可以用非常少的军队守住一大片土地。正因为这块土地四周都是关口，所以它被叫作"关中地区"，也就是"关口中间的地区"。

自从周人在关中地区开垦耕地，他们的实力就慢慢变强了。当时的商王知道逐渐强大的周人是个威胁，于是决定先下手为强。商王下令让周人帮他打仗，等周人打赢了好多仗，立了功，商王却把周人的首领抓起来杀了。[3]——你看，这纯粹就是欺负人啊！

周人的首领被杀后，他的儿子继位，这就是"周文王"。周文

---

1 葛志毅：《周代分封制度研究》，黑龙江人民出版社，2005，第39页。
2 许倬云：《西周史》，生活·读书·新知三联书店，1994，第24页。
3 《古本竹书纪年》："文丁杀季历。"《吕氏春秋·孝行览》："王季历困而死。"

王当然非常生气了，他跟商王之间有杀父之仇，这个仇必须得报。反正周部落内部的财产和军队商王都干涉不了，那还想什么呢？集合族人，起兵攻打商王啊！

但是等等，当时古人真的相信世界上有神仙，而且商王成天祭祀和占卜，他跟神仙的关系最亲密。那说明商王是有神仙帮助的，那这仇还能报吗？

假如你是周文王，你会怎么做呢？

会想不通。

假如这个世界上真的有神仙，神仙的好朋友还欺负人，那说明神仙有问题啊！咱们得找个机会问问神仙："你们真的知道商王都对我们干了什么吗？你们真支持他这么干吗？有没有可能你们被蒙蔽了？是不是也应该听听我们的申诉？"

所以周人和商人一样热衷祭祀和占卜。周人的占卜术尤其有名。中国古代有一本经典叫作《周易》，是周人占卜的说明书。古人算命常用的"八卦"在《周易》中就有详尽的应用。周人经常向神仙占卜，占卜的次数多了，总能得到自己想要的结果。所以在周人看来，天上的神仙是他们的好朋友了，是站在他们这一边的。商王说他是神仙的朋友，那是在吹牛。

问题是，怎么能证明这一点呢？所有的部落首领都说自己跟神仙关系好，谁都不服谁呀！

周人找到一个好思路，他们发现这个世界上有一种东西的力量比神仙更强大，那就是"道德"。逻辑是这样的：周人认为，神仙一定是善良的；既然他一定善良，就意味着神仙做事必须遵守道德标准，只能做好事，不能做坏事。

这就是周人发现的关于神仙的秘密。商人心目中的神灵没有特别强的道德感,就是一个强大的超能力者,所以商人可以用祭祀活人之类的特别残忍的方式来取悦神灵。[1]但是周人认为,这个世界上最强大的力量是"天",就是我们可以抬头看到的那片蓝蓝的天。"天"是善良的,它会奖励好人,惩罚坏蛋。[2]

这在我们看来,不算什么惊人的结论。因为我们早就习惯了"天"代表正义,比如在小说里,有人遇到不公的事情会说"老天爷你睁开眼"或者"天理难容"这样的话。但是对中国历史来说,这却是一个重要的转变。假如我们的文明按照商代的习俗继续发展下去,那可能会产生一个崇拜神灵的文明。祭司是社会的特权阶级,掌握巨大的权力。等到"百家争鸣"的时候,最重要的思想家就不是孔子这样的伦理学家,而是神学家,那整个中华文明也许会是另一副样子。正是周人把道德放到比神灵更重要的位置上,孔子才能说出"敬鬼神而远之",主张做一个好人比崇拜鬼神更重要,我们才形成了以伦理道德为核心的中华文明。[3]

我们回来继续看周文王的复仇。周人认为"天"一定是善良的,所以他们相信"老天爷"肯定不会保佑干坏事的商王。这样一来,周人就可以放心报仇了。

但是,要想报仇得有强大的军队,要想有军队就要多占领土地。于是周人在报仇之前花了很多时间扩张领土。在接下来的几十年里,周文王没有攻打商王,而是先去打附近的小部落。许多部落

---

[1] 陈来:《古代宗教与伦理:儒家思想的根源》,生活·读书·新知三联书店,1996,第 115 页。
[2] 崔大华:《儒学引论》,人民出版社,2001,第 15—16 页。
[3] 陈来:《古代宗教与伦理:儒家思想的根源》,生活·读书·新知三联书店,1996,第 197 页。

被周人吞并后表示顺从，答应以后打仗的时候支持周人。

就这样，周人做了几十年的准备工作。不过国力的增强是一个慢功夫，即便准备了几十年，周人的力量还是不够跟商王朝抗衡。[1]这时周文王已经去世了，他的儿子周武王继位。周武王继续储备复仇的力量，没多久，周武王就遇到了一个机会。

前面说过，商王朝实行的是类似部落联盟的制度，因此有很多地区都不在商王的控制范围内，仅仅是表面上顺服。结果有一年，东边有个叫作"东夷"的部落跟商王打起来了，此时的商王正是我们熟悉的"商纣王"。说起来这"东夷"咱们也熟悉，就是当年蚩尤的后人。东夷要造反，商纣王当然很生气，于是率领大军东征。经过几场大战，商纣王好不容易平息了叛乱，但是自己的损失也不小。

周武王认为这是复仇的好机会，他召集那些服从他的部落，集合成一支大军，一起杀向商王朝的首都。历史学家考证，当时周武王部队的行军速度非常快，达到了当时行军速度的极限。[2]这说明周武王知道自己实力有限，他想在最短的时间内奔袭商都，在商纣王调集军队之前快速打下来。

果然，商纣王接到消息后只能仓促集合部队，在首都附近一个叫作"牧野"（今河南淇县西南）的地方和周武王决战。

当时在平原上打仗的主力部队是用马拉的战车。因为战车速度快且冲击力强，所以战车要远强过步兵。但是战车的缺点是不容易拐弯。因此当时战争的打法，是把战车放在队伍的最前面，步兵放到后面。对战双方排好阵形后开始冲锋，阵形被冲乱的那一方因为

---

1 许倬云：《西周史》，生活·读书·新知三联书店，1994，第79—80页。
2 杨宽：《西周史》，上海人民出版社，2003，第89—90页。

车辆不灵活，很难再次组成阵形，基本就失去战斗力了。因此，最关键的就是战车的第一次冲锋，基本上谁冲过去谁就赢了。[1]

周武王把全部的赌注都放在第一次冲锋上。周武王亲自上阵，率领着最精锐的部队率先进攻。[2]历史就决定在这一瞬间，周武王冲散了商纣王的军队，之后便势如破竹，只用了一天的时间就取得了牧野之战的胜利。到了晚上，商纣王就在自己的首都自杀了。大多数历史书都会把这一刻当作周王朝取代商王朝的时间节点，从此以后中国的历史从商朝进入了周朝。

但是对周武王来说，事情还远远没有结束。

---

[1] 杨宽：《西周史》，上海人民出版社，2003，第502页。
[2] 杨宽：《西周史》，上海人民出版社，2003，第498—502页。

为什么皇帝不用听他大爷的话

宗法制

周武王打完牧野之战，占领了商王朝的首都。这时周武王在名义上已经是天下的盟主，但是他真正能控制的其实只有商朝首都及其附近的一片地区，天下的大多数地方还没有被征服。部分原因是周武王的军队打完牧野之战后，已经无力再远征了。

不过这也不是大问题，因为那个时代实行的还是类似部落联盟的制度，只要其他部落口头上表示臣服，周武王就算统一天下了。好在大多数部落也不愿意和周人为敌，都比较顺服。当时商人在东边还占有一大片土地，他们甚至也向周武王表示服从，周武王当然乐得同意。

但是同意归同意，这些商人还掌握着土地和军队，万一哪天造反怎么办？于是周武王在商人的附近建立了三个小国家，派自己的三个兄弟去当这些小国的君主。周武王要这三个兄弟监视着旁边的商人，防止他们造反。

结果意外发生了。在牧野之战后的第二年，周武王突然生病去世。周武王的儿子成了新的周王，但是新的周王岁数太小，还管理不了国家大事，怎么办呢？当时周武王身边地位最高的人是周武王的弟弟，我们习惯叫他"周公"。周公认为天下还没有平定，新的周王岁数太小，容易出乱子，于是周公宣布暂时由他来代管国家，也就是"摄政"。周武王的儿子是名义上的周王，周公是当时周王朝实际掌权的人。[1]

等周公一宣布这个决定，很多人都不乐意了：凭什么周公想摄政就能摄政呀？

当时有两种王位继承制度：一种是君主死后儿子继位；另一种是君主死后弟弟继位，而且是按照年龄长幼的顺序依次继位。在周武王派去监督商人的三个兄弟里，有一个人叫"管叔"，他是周公的哥哥、周武王的弟弟。也就是说，如果是按照长幼顺序继承王位，应该先轮到管叔，然后才是周公。[2]那管叔当然很生气了：按照顺序轮不到周公摄政啊，应该是自己啊。周公擅自宣布摄政，这不是贪图权力吗？于是管叔就说周公是个有野心的大坏蛋，他联络了很多部落和小国，一起造反了。

这场造反的规模很大：负责监督商人的管叔三兄弟，加上商人和曾经跟商纣王打过仗的东夷人，全都起兵反对周公。[3]当年周武王灭商时要对付的只是商朝首都附近的军队，这次的叛乱规模涉及大半个中原，比打商纣王的时候要更难。当年牧野之战只用了一天时间就分出胜负，这次周公镇压叛军用了足足三年。据说战争导致当

---

[1] 《史记·鲁周公世家》："其后武王既崩，成王少，在强葆之中。周公恐天下闻武王崩而畔，周公乃践阼代成王摄行政当国。"
[2] 杨宽：《西周史》，上海人民出版社，2003，第142页。
[3] 杨宽：《西周史》，上海人民出版社，2003，第142页。

地的野兽大规模迁移，连动物都跑光了。[1]

最后周公打赢了战争，平定了天下。这场战争让周公想明白一个道理：过去那种类似部落联盟的制度太不可靠了，小国和小部落太容易造反。周公想要换一个新制度。

周公的想法是对的，问题是，之前的统治者比如商王，他们难道不知道旧制度的缺点吗？他们就不想改进制度吗？他们为什么不做呢？

这里包含着中国历史的一条重要规律：中国的面积太大，人口太多，社会的复杂程度远远超乎人们的想象。所以在古代，没有人能靠自己的智力凭空设计出一套成熟的新制度。绝大多数新制度都是在漫长的时间里一点点实验出来的，或者是在之前已经成功运行的制度上修改出来的。

打个比方说，古代的制度就好像一辆特别沉重的大车，拥有巨大的惯性，无论驾驭它的人多么有雄心壮志，这辆大车每次都只能改变一点点方向。

周公面临的情况也是一样。那个时代还没有多少历史经验，周公能参考的旧制度不多。当时唯一成熟的制度，是部落内部的管理制度：部落一般由一个大家族来统治，家族内部按照血缘关系管理，比如晚辈要听长辈的话，弟弟要听哥哥的话。这套大家族的管理模式当时的人都很熟悉，于是周公就把它挪用过来管理天下。过去是用一个家族管理一个部落，我们用这个制度打败了商纣王；那咱们现在照猫画虎，用一个家族管理全天下不就行了吗？

于是，周公派遣周王室里信得过的亲戚，让他们带着奴隶和士

---

[1] 《孟子·滕文公下》："周公相武王，诛纣伐奄，三年讨其君，驱飞廉于海隅而戮之。灭国者五十，驱虎、豹、犀、象而远之，天下大悦。"

兵到其他小国当统治者。他们带着军队住在坚固的堡垒里,让当地的人民住在堡垒的外面。这样一来,天下各地都由周王的亲戚监督。如果有人想造反,这些亲戚可以就地镇压或者赶紧报信,这就比过去的联盟制度安稳多了。

这个办法叫作"分封制",字面意思是把天下"分"成很多个小国,"封"自己信任的人当这些小国的君主。这些小国君主叫作"诸侯",他们统治的国家就是"诸侯国"。

但是天下和部落毕竟是不一样的。部落成员朝夕相处,家族内部很容易分出等级秩序;而天下相隔万里,在古代往来交通都要几个月,时间长了,家族里的亲戚有没有可能不听周王的话呢?他们要造反怎么办?——管叔不就起兵了吗?因此,周公还要强化家族成员之间的等级关系,他推出了一套管理家族秩序的制度,叫作"宗法制"。其中规定,直接继承家族权力的这一支亲戚是"大宗",其余的亲戚都是"小宗","小宗"里所有的亲戚都得听"大宗"的。比如周武王把王位给了自己的儿子,那么儿子就是整个周王朝的"大宗",其余的叔叔、兄弟都是"小宗"。所以就算是周王的叔叔见到周王,叔叔也得听周王的,因为叔叔是"小宗"。

当然,光规定出大、小宗还是不够,还得让大伙儿觉得这规矩特对,特严肃。所以周人把宗法制提高到非常神圣的位置,让人认为这是绝对不能质疑的真理。古人迷信,相信祖先去世后会生活在另一个世界。周人就非常重视祖先,贵族都要为自己的家族建造"宗庙",定期在宗庙里祭祀祖先。家族中有重要的大事,还要在宗庙里向祖先汇报和请示。在周人的想象里,如果有人违反宗法制度,他的祖先就会非常生气,用超自然力量让这个人受到各种惩罚。这个人去世之后见到祖先,也会被祖先狠狠地教训,也就是古人常说的"没脸见列祖列宗"。这些当然都是迷信,但是在那个相信神话的时代,周人认为这都是确凿的事实。有了宗法制度,有了祖宗的约束,天下诸侯就永远听周王的话了吗?

并不是。

知识卡

"烽火戏诸侯"的真相

　　周王朝分成前后两部分，前半部分叫"西周"，后半部分叫"东周"。中间为什么会断开呢？是因为西周末年，周王朝的首都被游牧民族"犬戎"攻破，周幽王被杀。后来继位的周平王把首都迁到了东边。所以，周王朝以周平王迁都为分界，分为"西周"和"东周"。

　　传说西周的灭亡和"烽火戏诸侯"的故事有关。

　　故事大致内容是，西周使用烽火台传递警报，如果首都受到攻击，周王就让人点起烽火。附近的诸侯看到烽火，就会赶来保护周王。周幽王特别宠爱一个叫作"褒姒"（Bāo Sì）的美女，他为了讨褒姒的欢心，在没有敌人的时候点起了烽火。诸侯急急忙忙带兵来保护周幽王，结果发现没有敌人，在城下乱作一团，褒姒看了就很高兴。周幽王这样戏弄了诸侯好几次，等到犬戎真的来了，周幽王再点烽火却没有人来保护他，西周就灭亡了。

　　这个"烽火戏诸侯"的故事记载于《史记》[1]，曾经有好多人信以为真。但是根据历史学家的考证，这件事情是不存在的。钱穆先生从逻辑上质疑：诸侯距离首都的距离远近不同，看到烽火后不可能同时来到王城下；如果听说没有敌人也会自行退兵，不会乱作一团，所以也没什么好笑的。[2]

　　后来的考古学家发现了更多的史料，发现西周的灭亡同"烽火戏诸侯"没有关系，真正的原因是周王室发生了内乱，其中一方联合犬戎，把周幽王杀掉了。[3]

1　《史记·周本纪》："褒姒不好笑，幽王欲其笑万方，故不笑。幽王为烽燧大鼓，有寇至则举烽火。诸侯悉至，至而无寇，褒姒乃大笑。幽王说之，为数举烽火。其后不信，诸侯益亦不至。"
2　钱穆：《国史大纲》，商务印书馆，2010，第48页。
3　《清华简·系年》："幽王起师，回（围）平王于西申，申人弗畀，曾人乃降西戎，以攻幽王，幽王及伯盘乃灭，周乃亡。"

假如你有一个很讨厌的亲戚

盐铁专卖

你有没有遇到过特别讨厌的亲戚?

比方说有的长辈,平时你们的关系很疏远,好几年都未必能见上一面。结果有一次家族聚会,这位长辈在宴席上高谈阔论,对你的生活指指点点:问你考试考多少分啊,毕业了赚多少钱啊;说你这么做不对,那么做也不对;还说你言谈举止不成熟,让你爸爸妈妈回去多管管你。

咱们要是遇到这种人,肯定得火冒三丈对吧?也就是因为他是长辈,要是随便一个陌生人敢这么说话,咱们早就掀桌子了。

哎,等等啊,我们跟这个长辈本来也没什么交往,论熟悉程度也差不多就是"随便一个陌生人"。为什么不能立刻就掀桌子呢?为什么还得尽量忍忍呢?答案很简单,因为他是我们的"长辈"。

那为什么同样都是没素质的人,头上多了一个"长辈"的名号,我们就得多忍耐一下呢?

这就因为当年周公定下的宗法制度。周王朝特别强调这套制度的重要性，认为晚辈服从长辈是非常神圣的义务。后来到了春秋时期，儒家学者继承了这套观点。这种思想贯穿整个中国古代史，于是我们今天就潜移默化地形成了一种观念：晚辈就得顺从长辈，要不就是没家教、没礼貌。

尊重长辈不是坏事，可如果我们摊上这种令人讨厌的长辈，万一父母又不愿意为我们撑腰，那该怎么办呢？有什么既不用和父母起冲突，自己又不受气的办法吗？

当然有，就是经济独立。

经济越独立，我们就越有说"不"的能力。如果和父母一起住，父母坚持要我们参加讨厌的聚会，我们就不太好拒绝；如果有了自己的工作和住处，就很容易找个理由说走不开。经济独立也意味着生活独立，我们很容易找到一处别人打扰不到的地方。那时候亲戚要是再找我们，我们就说"喂喂喂，您说什么，我听不见"，再"拉黑"对方半小时，对方还能顺着手机信号飞过来打我们不成？

经济实力越强，就越容易摆脱长辈的控制，这就是宗法制度的漏洞。

说白了，等到诸侯发大财的时候，周公的宗法制度就失效了。

齐国就是典型的例子。

本来齐国跟周王室的关系是非常近的。小说《封神演义》里有一个著名的人物叫"姜子牙"，又叫"姜太公"，他用各种法术帮周武王打败了商纣王。在真实的历史里确实有"姜太公"这个人，他是姜族的首领。姜族人跟周人的关系特别好，两个家族世代通婚，算得上是不同姓的亲戚。后来周武王和商纣王打仗，姜太公就负责指挥军队。在牧野之战中,姜太公和他手下的姜族战士立下大功。后来姜太公和他的后人被分封到了齐国,成了齐国的统治者。

说白了,齐国跟周王室的关系是万年的亲家、出生入死的铁哥们儿,齐国是开国的大功臣。这么一看,两家的关系应该好得不得了吧?可是长辈之间的感情晚辈不一定承认。经过几辈人后,周王室和齐国之间的关系就没那么好了,甚至还发生了严重的冲突,有个周王竟然下令把齐国的国君扔到锅里煮了。[1]事情到了这个地步,两家可就不再是当年的铁哥们儿,而是仇人了。

其实宗法制度到这时已经出现问题了——本来应该是互相照应的亲朋好友,现在变得互相仇恨。可是因为周王室还掌握着最好的土地和强大的军队,齐国人就算再生气也只能顺从。但是等到齐桓(huán)公当上齐国君主的时候,情况彻底不一样了。

齐桓公知道,想要不被欺负就得有强大的军队;可是想要有强大的军队,就要有很多粮食;想要有粮食,就得有土地。如果是像秦国、楚国那样的内陆国家就比较好办,他们在中华文明圈的边缘,背后有很多蛮荒的土地可以用来耕种。但是齐国的背后是大海,没有多余的土地可以用来开垦,那怎么办呢?

齐桓公手下一个叫作管仲的人给他出了个主意:大海可以产盐啊。天下每一个人都必须吃盐,只要能垄断盐的生产,齐国就可以把盐卖得很贵,那不就可以赚大钱了吗?

管仲说的这种办法,其实是一种变相的加税,让老百姓平白无故多交一笔买盐钱。但这个方法可比简单的增税划算多了。

这是因为在古代收税是一件特别麻烦的事。收税的官吏来了,

---

[1] 《史记·齐太公世家》:"哀公时,纪侯谮之周,周烹哀公而立其弟静,是为胡公。"《竹书纪年·周纪》:"三年,王致诸侯,烹齐哀公于鼎。"

老百姓会跑啊。尤其是古代还有很多贵族和大地主,他们有权有势,田地一眼望不到边,很多不愿意交税的老百姓就去给这些权贵干活儿。那些收税的官吏职位太低,他们也不敢进权贵的家里细细搜索,这些老百姓的税就收不到了。

垄断食盐就不怕老百姓逃税了。收税的时候人可以跑,但是盐总得吃吧?只要一个人吃齐国产的盐,那他无论跑到哪里都得给齐国间接交税。而且这个税收起来还很省事,官府不需要安排成千上万的官吏深入民间翻箱倒柜,只要把盐场封锁,抬高盐价,一切就搞定了。

更妙的是,齐桓公甚至可以用这个办法向其他不产盐的诸侯国收税。齐国的盐只要能卖到其他国家,那些国家的老百姓就成了齐桓公的税源,这一招儿真高![1]

更妙的是,齐国提高的是把盐卖给商人的价格,后面把盐卖给老百姓这事儿不归齐国管。古代又没有媒体,内陆的老百姓很难知道外面发生了什么事。他们只看到了商人提高盐价,自己又不得不买,只会憎恨商人唯利是图,等于齐桓公自己收了税还让商人背了锅。

这么厉害的东西除食盐之外还有铁器。铁器也是古代老百姓必须使用的东西。农夫要用铁制的农具种地,工匠要用铁制的工具干活儿,妇女要用铁制的针和剪刀缝纫。铁矿的数量也有限,所以垄断铁矿可以收到和垄断食盐类似的效果。[2]

---

[1] 《管子·地数》:"君以四什之贾,修河、济之流,南输梁、赵、宋、卫、濮阳。恶食无盐则肿,守圉之本,其用盐独重。君伐菹薪煮沸水以籍于天下,然则天下不减矣。"
[2] 《管子·海王》:"今铁官之数曰:一女必有一针一刀,若其事立;耕者必有一耒一耜一铫,若其事立;行服连轺辇者必有一斤一锯一锥一凿,若其事立。不尔而成事者天下无有。令针之重加一也,三十针一人之籍;刀之重加六,五刀六三十,五刀一人之籍也;耜铁之重加七,三耜铁一人之籍也。其余轻重皆准此而行。然则举臂胜事,无不服籍者。"

管仲发现的，其实是中国古代政府最大的"财富密码"。盐和铁的产地有限，政府容易控制；每个人都需要盐和铁，政府想卖多贵就能卖多贵。因此在收税效率和运输能力都非常低下的古代，垄断盐铁售卖就成了政府最好的收税方式。在后来的历史里，还有好多王朝使用过这一招儿。

作为历史上第一批发现这个秘诀的人，齐桓公当然发了大财。在管仲的治理下，齐国变得非常强大。[1]春秋时期，先后有五个诸侯国有号令天下的实力，叫作"春秋五霸"。齐桓公就是春秋五霸中的第一个。齐桓公最厉害的时候可以召集天下诸侯开会，连周天子都必须派使者过来参加。这可不再是当年周王可以随便煮齐国国君的时代了。

到了这个时代，周公定下的宗法制度也就越来越不管用了。

在周公原本的设计里，天下最好的土地是周天子的。因为土地决定了经济实力，所以只要各个诸侯国占有的土地不变，周王室就永远是最强的。可生产力是会发展的，诸侯可以偷偷开垦新的土地，可以提高单位土地的生产力，还可以像齐国那样靠垄断盐铁增加收入。于是到了春秋战国的时候，周公设计的制度就渐渐被打破了。从此以后，天下的秩序越来越乱。诸侯们都想办法扩充军队，互相打仗，越来越多的人不服从宗法制度。那么，到底什么样的人才能结束乱世呢？

---

1 《史记·货殖列传》："其后齐中衰，管子修之，设轻重九府，则桓公以霸，九合诸侯，一匡天下……是以齐富强至于威、宣也。"《盐铁论·轻重》："管仲相桓公，袭先君之业，行轻重之变，南服强楚而霸诸侯。"

假如你是春秋战国时的君主

诸子百家

假如有一天你早晨起来,发现社会风气突然全变了,全社会开始鼓励违反规则。马路上的标语写着:"做人不能太古板,不守规矩是好汉!"你过马路老老实实等红灯,结果被路过的人鄙视:"瞧这人,竟然遵守规矩,真是没出息!"

你会是什么感觉呢?是不是不知所措?这世界到底变成什么样子了?以后我在这样的世界里该怎么生活呢?

春秋战国时的君主们就是这样的感受。

春秋战国的时候,周公制定的制度被一个个打破了。过去是谁守规矩谁是好人,现在是谁强谁就是新的规矩。旧秩序全变了,该怎么适应这个新时代呢?诸侯国的君主们也不知道该怎么办。好在他们是一国之主,可以叫别人来出主意。所以在那个时代,给君主们出主意的人特别多。他们的观点千奇百怪,经常互相争吵,因此又叫作"百家争鸣"。

这一次,你就来扮演春秋战国时代的一个君主。你发现这个世界太乱了，心里正慌呢，宫殿门口来了好几个学者，都说他们有拯救天下的良方，请求你听听他们的意见。

那就听听呗。你会觉得谁说得更有道理呢？

第一位进来的是孔子的学生。

他对你说，孔子是唯一能拯救乱世的人。在孔子看来，周代的秩序是最完美的——西周已经稳定生存了几百年，一点儿都不乱啊。所以恢复社会秩序的唯一办法，就是恢复周代的制度，也就是"周礼"。这个观点其实不新鲜，当时已经有很多人提过了。问题是，到底应该怎么做呢？

当时很多人认为，周礼是天地间本来就有的秩序。[1]这话说得很有气势，但是面对乱世，说了就跟没说一样。好比很多诸侯都不遵守规矩了，然后你握拳大喊："这制度是天地之间的秩序，是'天道'，你们必须遵守！"这话说了有什么用呢？

孔子不一样。孔子认为周礼不是来自高高在上的"天"，而是来自我们每个人的内心。[2]比如我们对父母表示尊敬，这不是因为"尊敬父母"是老天爷规定的，而是因为我们心里觉得父母本来就值得尊敬。所以恢复周礼要从改变人的内心开始，统治者要普及教育，让天下人都去做好人。[3]统治者自己也要以身作则，带头遵守周礼。[4]等到天下所有人都被教育好，做事都符合周礼，天下就恢复秩

---

1 《左传·文公十五年》："礼以顺天，天之道也。"《左传·昭公二十五年》："夫礼，天之经也，地之义也，民之行也。"
2 劳思光：《新编中国哲学史》，广西师范大学出版社，2005，第85—87页。
3 《论语·为政》："道之以政，齐之以刑，民免而无耻。道之以德，齐之以礼，有耻且格。"
4 《论语·子路》："子曰：'其身正，不令而行；其身不正，虽令不从。'……子曰：'苟正其身矣，于从政乎何有？不能正其身，如正人何？'"

序了。[1]

这是孔子的方案,要想拯救世界,统治者就要推广教育,带头做好人。孔子说得有道理吗?我们不如再听听别人怎么说。

下一位进来的是孟子的弟子。

孔子和孟子都属于儒家,但他俩不是同一个时代的人,两个人相差了近两百年。孔子是春秋时期的人,孟子已经是战国时期的人了。在孔子的时代,贵族对周礼的破坏有限,人们对周礼还有幻想。到了孟子的时代,大国吞并小国已经是一件理所当然的事,甚至诸侯们都开始自己称王了——相当于在周王的眼皮底下公然造反,不把宗法制度当一回事了。所以战国时代的孟子并不奢望天下能倒退回西周的状态,他希望有一个贤明的君主统一天下,统一之后再恢复周代的制度。[2]所以孟子支持诸侯壮大军队,扩张领土。

怎么才能做到这一点呢?孟子认为,关键是君主要对老百姓好。[3]因为老百姓都不傻嘛,哪个君主对他们好,他们就会支持谁。[4]如果君主足够仁义,哪怕他失去了王位,老百姓都会追随他。[5]所以统治者应该做一个仁君,让老百姓吃饱穿暖。[6]这样天下百姓就会自

---

1 《论语·子路》:"子路曰:'卫君待子而为政,子将奚先?'子曰:'必也正名乎!……名不正,则言不顺;言不顺,则事不成;事不成,则礼乐不兴;礼乐不兴,则刑罚不中;刑罚不中,则民无所措手足。故君子名之必可言也,言之必可行也。'"
2 萧公权:《中国政治思想史》,辽宁教育出版社,1998,第92—93页。
3 《孟子·梁惠王下》:"春省耕而补不足,秋省敛而助不给。"
4 《孟子·梁惠王下》:"君行仁政,斯民亲其上,死其长矣。"
5 《孟子·梁惠王下》:"昔者大王居邠,狄人侵之。……去邠,逾梁山,邑于岐山之下居焉。邠人曰:'仁人也,不可失也。'从之者如归市。"
6 《孟子·梁惠王下》:"老而无妻曰鳏。老而无夫曰寡。老而无子曰独。幼而无父曰孤。此四者,天下之穷民而无告者。文王发政施仁,必先斯四者。"《孟子·尽心上》:"易其田畴,薄其税敛,民可使富也。食之以时,用之以礼,财不可胜用也。民非水火不生活,昏暮叩人之门户,求水火,无弗与者,至足矣。圣人治天下,使有菽粟如水火。菽粟如水火,而民焉有不仁者乎?"

动依附。老百姓多了，国力就强了，最后就可以得到天下了。[1]

那怎么让老百姓吃饱穿暖呢？孟子主张恢复"井田制"。

井田制是西周使用的土地制度。当时的贵族没有足够的统治经验，不知道怎么向老百姓收税，于是贵族就强迫老百姓给他们种地。我们可以把"井田制"形象地理解为在一块正方形的田地上画了一个"井"字，分成九块小田地；周围的八块小田地是老百姓自己的，中间一块田地是贵族的，老百姓要先耕种贵族的田地，然后才能耕种自己的田地。不过实际上，"井田制"并不是真的把土地划成一个"井"字，老百姓也不是只有八家，实际田地的划分是很灵活的。

到了孟子的时代，贵族对百姓的管理能力提高了，他们会把一部分百姓登记在户口上，按照人头朝老百姓收税。[2]于是有些地区不再使用井田制，允许老百姓把土地变成私有财产，可以自由买卖。看上去这对老百姓来说是好事——老百姓多了自由处置土地的权利。但是古代的生产力落后，百姓抵抗风险的能力非常低。一旦遇到严重的灾害，少数大地主家里还有存粮，大多数穷苦百姓就要面临断粮的危险。百姓在生死边缘，不得不把土地低价卖给地主，换一口活命的粮食，于是土地就集中到地主的手里了。再加上古代的法律不保护个人的私有产权，权贵可以用各种手段霸占百姓的土

---

1 《孟子·公孙丑上》："尊贤使能，俊杰在位，则天下之士皆悦而愿立于其朝矣。市廛而不征，法而不廛，则天下之商皆悦而愿藏于其市矣。关讥而不征，则天下之旅皆悦而愿出于其路矣。耕者助而不税，则天下之农皆悦而愿耕于其野矣。廛无夫里之布，则天下之民皆悦而愿为之氓矣。信能行此五者，则邻国之民仰之若父母矣。率其子弟，攻其父母，自生民以来，未有能济者也。如此，则无敌于天下。无敌于天下者，天吏也。然而不王者，未之有也。"

2 杜正胜：《编户齐民：传统政治社会结构之形成》，联经出版事业公司，1990，第24页。

地。因此在古代，只要存在土地私有制，就会有土地兼并的情况发生。[1]失去土地的百姓只能给地主打工，地主可以随意压榨他们的劳动力。这样的社会怎么能让百姓过上好日子呢？所以孟子主张恢复井田制。在井田制下，田地不能随便买卖，只要政府给百姓提供足够的土地，百姓就可以靠自己的劳动过上衣食无忧的日子了。[2]

孟子承诺，只要使用他的方法，方圆百里的国家就能征服天下。[3]"方圆百里"也就相当于今天大一点儿的县的面积。换句话说，孟子认为他的方法是军政界的"点石成金术"，哪怕一个县长用了都可以统治天下。

孟子说的有道理吗？

先别着急断言，咱们再看看第三位学者，也是咱们今天接见的最后一位学者，他是一名法家学者。

法家认为这是个弱肉强食的世界，没有温情，只有冷冰冰的利益。要想在这个世界上生存，只有比别人更强、更坏、更狠。对君主来说，老百姓只是工具和牛马，唯一的价值就是为君主种地和打仗。[4]那怎么才能最高效地役使百姓呢？人的本性是自私自利、趋利

---

[1] 毛汉光：《中国中古社会史论》，上海书店出版社，2002，第73—74页。
[2] 《孟子·尽心上》："五亩之宅，树墙下以桑，匹妇蚕之，则老者足以衣帛矣。五母鸡，二母彘，无失其时，老者足以无失肉矣。百亩之田，匹夫耕之，八口之家足以无饥矣。所谓西伯善养老者，制其田里，教之树畜，导其妻子使养其老。"
[3] 《孟子·梁惠王上》："地方百里而可以王。王如施仁政于民，省刑罚，薄税敛，深耕易耨。壮者以暇日修其孝悌忠信，入以事其父兄，出以事其长上，可使制梃以挞秦楚之坚甲利兵矣。彼夺其民时，使不得耕耨以养其父母，父母冻饿，兄弟妻子离散。彼陷溺其民，王往而征之，夫谁与王敌？故曰：'仁者无敌。'王请勿疑！"
[4] 《韩非子·备内》："故王良爱马，越王勾践爱人，为战与驰。"《韩非子·六反》："君上之于民也，有难则用其死，安平则尽其力。"

避害的，[1]所以"奖励"和"惩罚"是君主操纵百姓最有效的手段。[2]就像人类用食物和鞭子操纵牛马一样，百姓稍有犯法就用酷刑，百姓立功就给高官厚禄，这样百姓就能为君主拼尽全力了。[3]

在春秋战国的时候，君主最头疼的一件事是手下的卿大夫不听话。因为按照宗法制度，卿大夫也可以有自己的土地和百姓，后来有些卿大夫就擅自扩充实力，甚至把国君赶跑，取而代之。

法家学者主张，国君要把卿大夫手里的土地和人口抢过来，取消分封制和井田制，全国百姓直接向官府交税。为了能掌握所有的百姓，还要在全国实行户籍制度，把每一个百姓都登记在户口上。

在法家的设计里，一国的君主就像是一只巨大的章鱼怪兽，政府的各级官吏就是他的触手。国君把他的触手伸到全国每一个百姓的头上，永不停歇地汲取着他们的劳动成果。在理想的状态下，全国所有财富都会集中在国君一个人的手里。对内，国君有绝对强大的实力；对外，国君可以集中全国的力量发动战争。这样才最有可能征服天下。

你觉得法家说的有道理吗？

我们分别听了孔子学生、孟子弟子和法家学者的主张，你觉得谁说的对呢？

现在需要身为国君的你亲自做出选择，看看你的选择对历史会

---

1 《韩非子·奸劫弑臣》："夫安利者就之，危害者去之。此人之情也。"《韩非子·心度》："夫民之性，恶劳而乐佚。"
2 《韩非子·八经》："凡治天下，必因人情。人情者，有好恶，故赏罚可用。赏罚可用，则禁令可立而治道具矣。"
3 《韩非子·六反》："赏厚，则所欲之得也疾；罚重，则所恶之禁也急。……是故欲治甚者，其赏必厚矣；其恶乱甚者，其罚必重矣。"

有什么影响。

▶ 选择一：孔子说的对

我们决定听孔子的话，说服天下人遵守周礼。

按照孔子的思路，这事儿得从君主做起。我们是诸侯国的君主，首先我们得自纠自查，反省自己有哪些不遵守周礼的地方。如果我们曾经扩张过土地，那些多占的土地就得还回去。

成！不就是退房子退地吗？这事儿我们干得了。

接下来，我们得对付国内的其他人了。我们手下还有很多卿大夫，他们也有不少人多占土地。因此我们还要召集这些卿大夫，向他们讲清楚孔子的道理，要他们交出多占的土地。如果他们不交，我们会按照周礼责罚他们；如果他们还不听话，我们还可以派兵攻打他们。

这样做会有什么后果呢？如果此时是春秋末期，很多卿大夫的实力已经非常强了。平时他们不敢造反，是因为害怕先造反会被国君联合其他卿大夫给灭了。如果我们像刚才那样，突然宣布所有卿大夫必须交出土地，那正好给了他们造反的机会。君主主动犯众怒，卿大夫正好可以联合起来把君主赶走。在真实的历史里，晋国的国君就是被卿大夫联合起来赶跑的。如果我们听从孔子的话，我们可能会像晋国的国君那样，在追兵的围追下仓皇逃命。

退一步说，假设咱们国内的卿大夫实力都不强，咱们一讲孔先生的道理，这些卿大夫也都乖乖同意了。于是在咱们诸侯国内，人人都遵守周礼，眼瞅着礼乐就要复兴成功了。

那然后呢？然后咱们怎么让其他诸侯国也恢复周礼呢？他们不

听劝啊。其他诸侯国依旧我行我素地扩张土地,不守规矩吞并小国,他们的实力越来越强,那他们要来攻打我们怎么办?

在真实的历史里,宋襄公就是典型的例子。宋国是个小国,楚国是个强国,但是宋襄公在和楚国打仗的时候坚持遵守周礼,不搞突然袭击,一定要等楚军列好阵势才开打,结果不出意外地输掉了战争。宋襄公身边的警卫部队都被楚军歼灭,宋襄公本人的大腿也受伤了,后来伤重身亡。[1] 宋襄公遵守周礼的行为没有为他带来更多的人口和军队。在后来的争霸战争里,宋国的国土在其他诸侯国的轮番进攻下被瓜分了。

要是我们听孔子的话,我们可能会在史书里留下一段佳话,被后来的儒家学者赞美,但是我们的诸侯国肯定保不住,恢复天下秩序也是不可能的了。

▶ 选择二:孟子说的对

我们决定听孟子的话,我们要实行"仁政",让每个老百姓都有足够的田地种,都有足够的粮食吃。于是我们下了道命令:从今天起,全国都严格执行井田制。结果刚下完命令,负责干活儿的大臣就来抗议了:"这活儿我们干不了,土地不够啊!"

孟子坐在书斋里,计算出每家每户应该拥有的土地数。他觉得这个数字没问题——西周施行了这么多年的制度,怎么会有问题呢?可是孟子没考虑到生产力会发展,人口会增长。到了战国的时候,因为人口增加,有些地方人多地少,已经不可能再按照西周的

---

[1] 《左传·僖公二十二年》:"公伤股,门官歼焉。"《谷梁传·僖公二十二年》:"众败而身伤焉,七月而死。"

数字给老百姓分土地了。[1]

即便我们解决了土地数量的问题，实行了井田制，我们还会遇到新的困难：在井田制下，粮食的产量变少了。因为人大多有私心：在自己的田地上劳动可以竭尽全力，在别人的田地上耕种为什么要卖力气？老百姓在贵族的田地上出了多少力是没法儿计算的，那给贵族种地的时候干吗不磨洋工呢？

不仅如此，我们实行井田制后，开垦新田的速度也会比别的诸侯国慢。在很多承认土地私有的诸侯国里，老百姓开垦荒田后可以获得新开垦的土地。[2]因此那些国家的人口越多，开垦荒地的人也就越多，国力增长的速度也就越快。而我们采用井田制后，人口增长反而会陷入被动——每次人口增加，官府就要慌里慌张地寻找新土地。否则老百姓越来越多，粮食却不够吃，那老百姓不就造反了吗？孟子说实行"仁政"就可以让天下的百姓归附，但是等到天下的百姓真的来归附了，"仁君"又该拿什么东西养活他们呢？

孟子承诺，方圆百里的国家实行他的政策就可以征服天下。在真实的历史里，有一个方圆五十里的滕国确实实行了孟子的政策，也实行了"井田制"。但是孟子并没有让滕国变成强国，滕国后来被其他诸侯国灭了。

孟子的话并非没有道理，统治者如果让老百姓过上富足的生活，确实可以让国家变得更强大。但是井田制不符合人类趋利避害的天性，"仁政"也不能打败狡猾奸诈的对手。如果我们在春秋战国时期执行孟子的政策，国力会难以与其他诸侯国抗衡，最终被别的诸侯国征服。

---

1 傅筑夫：《中国封建社会经济史：第一卷》，人民出版社，1981，第154页。
2 林剑鸣：《秦国发展史》，陕西人民出版社，1981，第87页。

▶ 选择三：商鞅说的对

如果您觉得法家说的有道理，那您应该能和秦国的国君秦孝公说到一块儿去。在真实的历史里，秦孝公重用了法家学者商鞅，在秦国实行了法家政策，历史上叫作"商鞅变法"。

前面说过，成功的新制度往往是根据成熟的旧制度改进而来的，商鞅也明白这个道理。在商鞅变法之前，其他诸侯国已经采取了一些法家认同的新制度，商鞅把这些国家的成功经验融合在一起，用在了秦国的身上。[1]

在商鞅变法之前，井田制已经开始瓦解，土地私有渐成趋势。商鞅顺应这个趋势，把土地私有变成制度确立下来。[2] 废除井田制后，秦国的百姓都被编入户籍，官府通过户籍直接向百姓收税。但是光有户籍制度还不够，万一收税的时候老百姓跑了怎么办？还需要有一套管理老百姓的办法。但是当时没有人知道怎样建立一套复杂的官僚机构，那怎么办呢？

商鞅还是从已经有的旧制度中找办法。当时军队中有一种制度叫作"什伍制"。"什"是"十个人"的意思，"伍"是"五个人"的意思。古代军队为了管理方便，会把士兵分组，最小的一组是五个人，就叫"伍"。所以"伍"字还可以代表军队，我们今天还管参军叫作"入伍"。

古代的士兵大都没受过教育，纪律要比今天的军人差很多。而且战场那么混乱，要是士兵不听命令或者趁乱逃跑怎么办？古代军队的管理方法非常简单粗暴，规定五人一组中的五个人要互相监

---

[1] 程念祺：《国家力量与中国经济的历史变迁》，新星出版社，2006，第17—18页。
[2] 徐复观：《两汉思想史：第一卷》，华东师范大学出版社，2001，第74页。

督。一个人犯法，如果其他四个人不阻止，那他们也要一起受罚，甚至会被全部斩首。这就是"连坐"制度。

这套制度非常残酷，但是也很有效，它可以用很小的成本管理士兵。商鞅就把这套制度挪用到老百姓的身上。商鞅在老百姓之间实行"什伍连坐制"，也就是把五家或者十家老百姓分成一组，每一家老百姓都有监督邻居的义务；如果邻居犯法没有举报，那就要一起受罚。

我们今天有一个词叫"四邻"，在今天是个褒义词，象征着邻里之间互相照顾。但是在秦国它的含义正好相反。在今天出土的一枚秦简上解释了"四邻"的含义：五家编为一组，除了自己家之外的四家就是"四邻"。[1]所以那时"四邻"的含义不是互相照顾，而是互相监督，四邻之间充满了互相警惕的味道。

春秋战国时期正处在生产力爆发的阶段：铁制农器的普及让人们生产的粮食多了，人口增长的速度变快了。哪个统治者能用最小的成本管理好这些新增的人口，把他们生产的财富搜刮到自己的手里，谁的实力就最强大。法家的制度虽然残暴，但是好执行，管理成本低，于是就成了最受当时统治者青睐的方法。

除了秦国实行商鞅变法，其他诸侯国也在不约而同地采用法家学说进行变法。但是其他国家的变法都不太顺利。因为贵族们最讨厌法家——一变法他们的财富就没啦。在其他诸侯国里，一旦支持变法的国君去世，贵族就想办法把负责变法的大臣杀了，把变法的政策改回去。

秦国不一样。秦国立国的时间比较短，贵族的实力还不够强。

---

[1] 《云梦秦简·法律答问》："何谓四邻？四邻即伍人谓也。"

而且支持变法的秦孝公的寿命又特别长，使得商鞅的变法政策可以在秦国打下根基。由于商鞅功勋卓著，秦孝公还封给他一片土地。那片土地叫作"商"，所以我们才叫他"商鞅"。

当然，商鞅还是在秦国得罪了很多人。[1]以至于商鞅后来出门的时候，一定要带着一支全副武装的军队贴身保护。[2]后来秦孝公去世，新的君主继位。恰巧这位新君主之前跟商鞅有私仇，再加上其他痛恨商鞅的人一起说商鞅的坏话，于是新的君主下令把商鞅抓起来。[3]

商鞅一路潜逃，最后跑回自己的封地，集合私人军队和秦国的军队打仗，结果兵败被杀。[4]

这件事特别有象征意义。商鞅这一辈子努力要做的，就是加强君主的权力，让国内的贵族没法儿和君主分庭抗礼。在这场最后的战斗里，商鞅自己变成了造反的贵族，用私人的军队和国家的军队对抗，因此商鞅的战败恰恰证明了他的成功。在他死后，秦国沿着他制定的政策一路发展，最后统一天下，建立了秦朝。

战国的历史证明了法家制度的成功，那为什么坚持实行法家政策的秦朝，短短十几年就灭亡了呢？

---

[1] 《史记·商君列传》："商君相秦十年，宗室贵戚多怨望者。"
[2] 《史记·商君列传》："君之出也，后车十数，从车载甲，多力而骈胁者为骖乘，持矛而操闟戟者旁车而趋。此一物不具，君固不出。"
[3] 《战国策·卫鞅亡魏入秦》："人说惠王曰：'大臣太重者国危，左右太亲者身危。今秦妇人婴儿皆言商君之法，莫言大王之法。是商君反为主，大王更为臣也。且夫商君，固大王仇雠也，愿大王图之。'"
[4] 《史记·商君列传》："商君既复入秦，走商邑，与其徒属发邑兵北出击郑。秦发兵攻商君，杀之于郑黾池。"

知识卡

历史里的儒、法、道

到了战国后期，很多诸侯国都倾向于采用法家思想进行改革。最后是改革最彻底的秦国统一了天下。可以说，春秋战国最后的胜利者是法家。但这并不意味着其他学说就彻底失败了。法家的"胜利"有两个局限。

第一个局限是时间上的。法家制度比较适合春秋战国时期。这时诸侯国的面积都不大，生产力不是很强，社会组织比较松散。在这样的条件下，法家富国强兵的效果是最好的。但是到了其他历史时期，治国就不能只用法家了。

秦始皇统一天下后，继续使用法家制度。但是此时的秦朝面积广大，各地情况千差万别，老百姓承受不了法家的苛政，秦朝很快就灭亡了。

后来的汉朝统治者吸取秦亡的教训，减少对老百姓的管束，在汉朝初年用道家"无为而治"的思想统治天下。

后来汉朝逐渐富强，统治者发现一味采用"无为而治"会威胁自己的统治，用儒家的伦理秩序来管理国家的性价比更高，于是在汉武帝时期，儒家又受到重视。此后，古代政府主要兼用儒法两家的思想治理天下。

第二个局限是应用范围上的。刚才说的法家"胜利"仅仅是在政治学领域。在其他领域，儒、法、道三家各有用处。

比如在"人生观"层面，儒家认为做人应该努力提高自身的学问和修养，想办法从政，建立儒家的理想社会。如果没有机会从政，就好好读书，研究学问，把儒家的学问传承下去。

道家认为，人不要对这个世界有太多的索求，要顺其自然。就像一根竹子一样，大风来的时候可以顺势弯曲，大风过后又很刚强。这样虽然外面有狂风暴雨，但是我自己可以泰然处之。

很多古人的人生观兼有儒道两家思想。相比之下，法家倾向于把名利当成人生目标。一些古人私下里信奉法家，但是在公开场合不愿意承认。

这是儒、法、道三家在"人生观"上的区别。此外，在哲学和艺术领域，三家也有各自的贡献。

假如秦始皇遇见了时光穿越者

郡县制

面对未知的世界,你会大胆前进还是小心探索?

秦国实行商鞅变法后,国力的增长速度渐渐超过其他诸侯国。又经过一百多年的发展,秦国已经变得非常强大。当嬴政成为秦王的时候,秦国开始了征服六国的战争。

战争非常顺利,因为秦国不仅有强大的国力做后盾,还有法家制度可以把全国的力量集中在一起,这就比那些还由贵族做主的国家要厉害多了。比如楚国还在用贵族制度,秦国的将军就说:"秦国士兵是为了自己的国家打仗,楚国人是为了自己的家族打仗。秦国人是一条心,楚国人是一盘散沙,那楚国怎么能赢呢?"[1]最后楚国果然被打败了。

不久,秦王嬴政消灭了六国,统一了天下。这可是之前从来没有人做到过的事。过去周王朝也统一了中国,但那时的周王不能干

---

1 《战国策·中山策》:"秦中士卒,以军中为家,将帅为父母,不约而亲,不谋而信,一心同功,死不旋踵。楚人自战其地,咸顾其家,各有散心,莫有斗志。"

涉诸侯国内部的事务，诸侯也不能管理自己领土内的每一个百姓。周王朝对天下的统治是松散的。秦王嬴政第一次把天下所有的土地和人口都攥在自己一个人的手里，当时的他堪称有史以来中国最有权力的人。嬴政觉得，必须创造一个全新的称号才能配得上他的丰功伟绩。于是，他自称"皇帝"，因为他是第一个皇帝，所以是"始皇帝"，他的子子孙孙则是第二世、第三世乃至千万世的皇帝。[1]从此中国有了"皇帝"这个称呼，嬴政也被称为"秦始皇"，中国从春秋战国进入了秦朝。

秦始皇的功绩前所未有，他面临的问题也前所未有：该怎么统治这么大的天下呢？

过去属于秦国的土地很好办，之前用什么制度，现在还用什么制度。但是怎么管理其他六国的土地呢？

在秦国的征服战争中，六国很多贵族直接投降了。所以在秦始皇统一天下后，还有很多六国的旧贵族保留着他们的土地和人口。当地的百姓仍旧把这些贵族当成自己的主人，把秦国人当成外来人。

怎么对待这些旧贵族呢？

对秦始皇来说，这些人当然都是眼中钉。之前秦国强就强在消灭了贵族，六国弱就弱在保留了贵族，大秦的天下当然不应该有贵族的容身之地——再说他们还是六国的旧贵族，关秦国什么事嘛！

问题是，怎么消灭这些贵族呢？

有两种方法，一种是保守一点儿的，一种是激进一点儿的。

保守的做法是暂时保持原来的社会秩序不变，一点儿一点儿地

---

[1]《史记·秦始皇本纪》："朕为始皇帝。后世以计数，二世三世至于万世，传之无穷。"

消灭旧贵族。

因为秦始皇一下子控制的地区太大了，谁知道一口气消灭这么多贵族，会不会出乱子呢？所以不妨谨慎一点儿，先保持原来的社会秩序不变，对六国的旧贵族采用"软刀子割肉"的办法慢慢收拾：把少数威胁大的、看着不顺眼的先除掉；其他贵族只要交出一部分土地，就可以继续保留他们的地位、土地和人口；等将来隔三岔五地找借口，一点儿一点儿地削弱他们。

但是也可以选择激进的办法，直接消灭贵族的经济根基。以后所有地区都按照秦朝的郡县制度管理：把土地分成郡和县，由秦朝政府派出的官员直接统治；把天下的百姓编入户籍，每个百姓都要遵守秦朝的法律，直接向官府交税。贵族没有了收入，自己就消亡了。

你觉得哪个方案更好呢？

秦始皇手下最重要的大臣李斯坚决支持激进的方案，要求在全天下实行郡县制。[1]当时有些儒生反对李斯的方案，李斯的反应特别强烈，他建议秦始皇收缴天下图书，把和法家观点不同的书全都烧掉——郡县制是最重要的国策，绝对不许动摇！[2]

---

[1]《史记·秦始皇本纪》："李斯议曰：'周文武所封子弟同姓甚众，然后属疏远，相攻击如仇雠，诸侯更相诛伐，周天子弗能禁止。今海内赖陛下神灵一统，皆为郡县，诸子功臣以公赋税重赏赐之，甚足易制。天下无异意，则安宁之术也。置诸侯不便。'"

[2]《史记·李斯列传》："齐人淳于越进谏曰：'臣闻之，殷周之王千余岁，封子弟功臣自为支辅。今陛下有海内，而子弟为匹夫，卒有田常、六卿之患，臣无辅弼，何以相救哉？事不师古而能长久者，非所闻也。今青臣等又面谀以重陛下过，非忠臣也。'始皇下其议丞相。丞相谬其说，绌其辞，乃上书曰：'古者天下散乱，莫能相一，是以诸侯并作，语皆道古以害今，饰虚言以乱实，人善其所私学，以非上所建立。今陛下并有天下，别白黑而定一尊；而私学乃相与非法教之制，闻令下，即各以其私学议之，入则心非，出则巷议，非主以为名，异趣以为高，率群下以造谤。如此弗禁，则主势降乎上，党与成乎下。禁之便。臣请诸有文学诗书百家语者，蠲除去之。令到满三十日弗去，黥为城旦。所不去者，医药卜筮种树之书。若有欲学者，以吏为师。'"

假设你现在是秦始皇的大臣，就站在秦始皇的大殿里，你会提出什么建议呢？

就在你要开口的时候，突然，在宫殿的正中出现了一道时光裂缝，从裂缝中探出一个人的脑袋："始皇帝！始皇帝！不要对六国太严酷，否则大秦十几年后就会灭亡！相——信——我——啊——我是来自未来的……"话还没说完，时光裂缝就合上了，这个人又消失不见了。

满屋子的人目瞪口呆。这是未来的人穿越回来警示吗？假如秦始皇相信这条来自未来的预言，你会对秦始皇说什么呢？你会建议他对六国更柔和一点儿，以避免秦朝二世而亡吗？

假想历史

柔和政策

让我们吸取历史的教训吧！在真实的历史里，秦朝短短二世而亡，部分原因就是秦始皇在六国境内的变法太快、太激进，让六国的百姓不适应。[1]那如果秦始皇采用了柔和的政策，暂时保留六国的贵族制度，会有什么结果呢？

一开始，秦始皇的统治会比真实的历史更顺利一点儿，遇到的反抗更少一点儿。在真实的历史里，秦始皇遇到了好几次六国旧贵族的刺杀，在这条时间线里遇到刺杀的次数可能会变少。

不过秦始皇很快就感觉到不方便了。为了巩固帝国的统一，秦

---

1 陈苏镇：《〈春秋〉与"汉道"：两汉政治与政治文化研究》，中华书局，2011，第37页。

始皇想要统一天下的文字、货币和度量衡。可是秦始皇现在只能把这些政策推广到半个帝国。那些贵族统治的土地不受秦朝官吏的管辖，这个政策就推行不下去了。

更让秦始皇难受的是好多大事儿办不成了。

秦始皇原本有很多宏伟的计划：他想修长城，修遍及全国的"高速公路"，派人出海寻仙，他还想修一大堆宫殿，包括有史以来最豪华的阿房宫。这么多工程，要耗费大量的粮食和人力。结果刚规划到一半，大臣们就跑过来哭穷，说粮食和劳动力实在不够用了，皇帝您还是收收心吧，必须"砍掉"几个大项目了！

这就是向贵族妥协的代价：贵族土地上的百姓是贵族的私产，秦朝政府没有这些百姓的户籍，不能征用。因此这条时间线里秦始皇能使用的劳动力要比真实历史里的少多了。

在真实的历史里，秦朝的人力尚且不够用，很多老百姓都要额外服好几次劳役；在这条时间线里，秦朝的国库更加捉襟见肘，秦始皇必须忍痛少造几座宫殿了。

秦始皇气哼哼！

更要命的是，如果继承皇位的是秦二世，按照他那个喜欢吃喝玩乐的德行，秦朝的财政只会更加入不敷出。等秦二世把老百姓折腾得怨声载道的时候，那些旧贵族的手下本来就有现成的土地和人口，造起反来不是更加容易吗？

所以这条时间线里的秦帝国仍旧命若悬丝，只要秦始皇的后代里有一个像秦二世那样贪得无厌，秦朝就很可能被旧贵族联合起来推翻。哪怕继承皇位的不是秦二世，是个节俭一点儿的皇帝，秦朝的命运也未必能好到哪里去。因为真实的历史里有秦朝灭亡的教训在先，所以后面的帝王都知道民力不能过度使用，同样劳民伤财的汉武帝才会在晚年悬崖勒马。可是秦朝的皇帝当时还没有这个教训呀，他只知道自己坐拥前人从未有过的财富和权势，不知道这些财富和权势用到什么程度才是极限。

总之，在这条时间线里，秦始皇没钱花很不开心，秦朝估计也多统治不了多少年。

真实历史

推广郡县制

反正郡县制是大势所趋，早晚都要灭掉旧贵族，还犹豫干吗啊，把旧贵族直接都干掉呗！

最根本的办法是从经济上解决，也就是切断旧贵族的收入。于是在真实的历史里，秦始皇在全天下实行"郡县制"，把天下所有百姓都编入户籍。

由于各国的制度不一样，秦始皇宣布统一天下的文字、货币和度量衡，这样收税记账、往来文件都方便多了。秦始皇还统一了车辆轮距和道路的宽窄，修建宽广的道路和运河，这是为了更快地运送粮食、传递信息。秦朝还制定了严密的官僚制度，让朝廷能监督每一个官员和百姓，绝不让财产流到别人的口袋里。

秦始皇对天下能控制到什么程度呢？有两个真实的例子。

当年秦朝统治楚国的时候曾经颁布过一条规定：如果在谷物长出穗子的时候天上下雨了，地方官员必须报告有多少庄稼被雨淋到，有多少庄稼长出了穗子，有多少地到现在还没有播种。这些信息必须写成书面文件，在规定的时间内交给上级。[1]

秦朝法律还要求储藏粮食的仓库里不能有老鼠。问题是，有没有老鼠这事儿怎么检查呢？方法就是数老鼠洞。秦朝法律规定，仓库里有两个（含两个）以下的老鼠洞，口头批评；有三个（含三个）以上的老鼠洞，罚款。秦朝法律甚至还规定了老鼠洞的大小，如果是小老鼠打的洞，那么三个小洞算一个洞。[2]

通过这两个例子可以看出，当时秦朝对基层的粮食生产管得非常严。为什么连多少庄稼长出穗子都得写成报告呢？这是怕基层官吏隐瞒粮食的产量，朝廷要控制粮食的生产环节。为什么又要斤斤计较有几个老鼠洞呢？这是控制粮食的储存环节。也就是说，从老百姓的地头一直到秦朝的国库，中间不允许出现任何漏洞。

想象一下，如果这种制度能长时间运转下去，整个帝国的财富都集中在皇帝一个人的手里，那皇帝的地位应该永远稳固啊。可是秦朝只统治了十二年，就发生了陈胜吴广起义，三年后秦朝就灭亡了。秦始皇到底犯了什么错呢？

---

[1] 《云梦秦简·秦律十八种·田律》："雨为澍，及诱（秀）粟，辄以书言澍稼、诱（秀）粟及垦（垦）田畼毋（无）稼者顷数。稼已生后而雨，亦辄言雨少多，所利顷数。……近县令轻足行其书，远县令邮行之，尽八月审之。"

[2] 《云梦秦简·法律答问》："仓鼠穴几可（何）而当论及谇？廷行事鼠穴三以上赀一盾，二以下谇。鼲穴三当一鼠穴。"

假如你是秦朝的一名县令

父老制

秦始皇认为自己建立了一个永不灭亡的帝国,可是这个帝国只持续了短短的十五年就灭亡了。秦始皇的问题出在哪儿呢?

这一次,我们来到帝国权力的末梢,来看看秦朝的问题出在哪里。我们来观察一个秦朝县令的遭遇。他治理的县叫作"沛县",在秦始皇征服六国之前,沛县曾经是楚国的领土。后来楚国灭亡,秦始皇在全天下实行郡县制,于是沛县的老百姓不再受楚国贵族的统治,而是由秦朝委派下来的县令管理。这个县令就是这一次的主角。

当秦朝的县令可不容易。首先,秦朝法律要求县令把地方上的各种情况事无巨细地向上汇报,每天光写公文就很烦人。其次,秦朝皇帝好大喜功,开展了一系列大型工程。这些工程需要征集天下的百姓去干活儿。这项任务在古代叫作"徭役",本来是法律规定老百姓应尽的义务。但是老百姓服完了正常的徭役,皇帝的工程还是做不完,所以就要加征加派。加征加派既耽误农活,又会引起百姓的愤怒。可是皇帝才不管你基层有什么困难呢,只要县令没有完成征派任务就要受到重罚。你说这县令多难当呀。

结果县令的工作没干几年,又传来一个重磅消息:离这里不远的地方,有两个叫作陈胜和吴广的人带着一群百姓造反了。秦朝的皇帝说陈胜和吴广是"盗贼",没当回事儿。可是各地响应造反的百姓越来越多——这显然不是盗贼,而是燎原的火种啊。

为什么陈胜和吴广的起义会有这么多人响应呢?这和他俩是楚国人有很大的关系。在秦朝统一之前,楚国和秦国已经打了很多年的仗,两国之间积累了很深的仇恨。楚人甚至流传着一句话:"楚虽三户,亡秦必楚!"楚国哪怕只剩下几户人家,也一定要让秦国灭亡!后来秦国灭楚后,在楚国实行秦国的法律。这意味着不管楚人原本的习俗是什么,从此必须按照秦国的规矩来,只要违反就要受到重罚,这让楚人更加不满意。陈胜、吴广就是楚国人,他们起义的地方也是楚国的旧地,所以他们一竖起反秦的大旗,附近的楚人立刻响应。[1]很多地方的楚人一呼百应,把秦国派来管他们的官吏杀掉,也造反了。

话说咱们这位县令听了周边郡县发生的事,一合计:"不对啊,我这里就是楚地啊,我本人就是'秦国派来的官吏'啊,那要杀的不就是我嘛!"

县令看着各地传来的消息,发现"吃瓜吃到我自己",先别管大秦怎么样了,先想想自个儿的安危吧。万一战火烧到沛县附近,该怎么保命呢?抵抗肯定没戏啊,这里遍地是楚人,而自己是个外

---

1 邹水杰:《三老与汉代基层政治格局之演变》,《史学月刊》2011年第6期。

来人。弃城逃跑也不行，秦朝的法律特别严，逃跑跟造反没什么区别。如果弃城逃跑，无论被秦军还是被起义军抓到，甚至被土匪抓到都难逃一死。这么一想，那还不如自个儿先造反得了。来个先下手为强，自个儿造自个儿的反，然后投奔陈胜和吴广，那不还能有一线生机吗？

想到这里，县令决定起兵造反。但是一个人造不了反啊，得有人支持他。要造秦朝的反，当然得找楚国人。于是县令就找了自己的两个手下，一个叫萧何，一个叫曹参。他们两个都是沛县本地人。县令把打算造反的事跟这两个人说了。萧何和曹参当然很高兴，他们给县令出主意说："您要造反肯定得依靠楚国本地人，您是秦国官吏，在本地没有威信，所以必须找一个在本地有影响力的人帮助您。"找谁呢？萧何和曹参推荐了一个叫作刘季的人（也就是刘邦）。刘邦曾经是个无业游民，在沛县四处胡混。他喜欢交朋友，跟当地各种有头有脸的人关系都不错。后来秦国征服楚国，刘邦当过一小段时间的芝麻官，之后违反了秦朝的法律，跑到沛县附近当山贼去了。萧何和曹参都跟刘邦是好朋友，所以他们就向县令极力推荐刘邦，说造反这事儿没有刘邦就办不成。

县令想想也有道理，就派人去县城外请刘邦。几天后，刘邦出现在沛县城外，要求打开城门。县令多了个心眼儿，他先上城墙往下看看，结果发现刘邦把跟随他的山贼全都带来了，一共好几百人。县令一看就害怕了，这哪是山贼，分明就是一支军队啊。要是放刘邦进城，县城不就归他了吗？我跟刘邦又不熟，到时候刘邦想杀我就是一句话的事儿啊。

县令并非杞人忧天。差不多在同一时间，会稽郡的郡守和这位县令一样，也想抢先造反，于是邀请楚国名将的后人项梁一起商量造反的事。项梁听完郡守的话欣然同意:"我当然愿意造反啊!"然后他让项羽一剑下去把郡守杀了:"造反我们楚国人自个儿来就行了,有你们秦朝官员什么事儿啊!"[1]

谁说刘邦不会干同样的事呢?

县令被刘邦的队伍吓得方寸大乱。他下令关好城门,加强守备,不许放刘邦进来。

这时刘邦干了一件非常有意思的事。

在古代,每个地区都有一些特别有威望的人,一般是大家族的族长。他们年龄大,辈分高,人生经验丰富,说话公平有理,本地的老百姓都愿意听他们的话。这种人叫作"父老"。刘邦看到沛县的城门紧闭不开,于是提笔给城里的父老写了一封信,内容是连劝带吓唬地逼父老造反。写好信后,刘邦把这封信射到沛县的城墙上。

这里有个很有意思的细节。我们想想,刘邦给父老写了一封劝说造反的信,可他怎么知道这封信一定能交到父老的手上呢?因为当时绝大部分人都不认字。在城墙上守城的士兵捡到信后很可能不知道上面写的是什么,那他为什么不把信送到县令的手上?

这个细节就反映出古代基层社会的特点:古代的老百姓不跟县令亲近,而是跟本地的父老亲近。道理很简单,县令是朝廷派来的,是外地人,干两年就走了。父老祖祖辈辈都生活在这里,和本地大部分人还有亲戚关系,他们办事肯定优先考虑本地人的利益。

---

[1] 《史记·项羽本纪》:"其九月,会稽守通谓梁曰:'江西皆反,此亦天亡秦之时也。吾闻先即制人,后则为人所制。吾欲发兵,使公及桓楚将。'是时桓楚亡在泽中。梁曰:'桓楚亡,人莫知其处,独籍知之耳。'梁乃出,诫籍持剑居外待。梁复入,与守坐,曰:'请召籍,使受命召桓楚。'守曰:'诺。'梁召籍入。须臾,梁眴籍曰:'可行矣!'于是籍遂拔剑斩守头。项梁持守头,佩其印绶。"

本地的士兵遇到大事的时候，肯定先去找父老。所以刘邦知道往城墙上射一封信，这封信一定能送到父老的手里。

结果这封信确实送到父老的手里了。父老读了信后，决定杀了县令接应刘邦。这么大的事情是怎么办成的呢？也很简单，父老叫人通知全县的年轻人：咱们要造反！然后本地的年轻人就冲进县衙把县令杀了，刘邦的造反就成功了。[1]

刘邦造反这件事反映了古代社会一个非常重要的特征：古代的基层社会是分成两层的。下面这层是父老和刘邦这样的"地头蛇"，他们代表的是本地的老百姓。上面那层是县令和县衙，他们代表的是皇帝。

那么问题来了，县衙和父老之间怎么分配权力？谁管得多一点儿？

在秦始皇看来，这个问题很简单：只能有县衙，不能有父老。

所以秦朝的县衙有一个在中国古代很少见的特点：县衙办事不和父老商量。[2]比如朝廷想从县里面要一百个人去修长城，如果父老跑到县衙门里对县令说："咱们这儿有几家实在困难，少去几家行不行？"这在秦始皇看来就绝对不能答应——要是人人都像你们这样，那长城还修不修了啊？所以秦朝不给父老说话的机会，谁敢不去就用重刑。

这是秦朝的制度，正是这种制度加速了秦朝的灭亡。因为中国的面积太大了，各地的情况千差万别。虽然秦国的制度在秦国的土

---

1 《史记·高祖本纪》："刘季乃书帛射城上，谓沛父老曰：'天下苦秦久矣。今父老虽为沛令守，诸侯并起，今屠沛。沛今共诛令，择子弟可立者立之，以应诸侯，则家室完。不然，父子俱屠，无为也。'父老乃率子弟共杀沛令，开城门迎刘季，欲以为沛令。"
2 卜宪群：《春秋战国乡里社会的变化与国家基层权力的建立》，《清华大学学报（哲学社会科学版）》2007年第2期。

地上用了一百多年，秦国的百姓都能接受，但这套制度不一定适合别的地区。

还是拿楚国来举例子。

在古代，老百姓除了要交税还要服徭役，徭役的内容包括当兵和干活儿。楚国人过去被贵族统治着，所以楚国人过去服徭役基本是在家乡附近，给附近的贵族家干活儿就行了。

但是到了秦朝就不一样了，楚国人得给秦始皇干活儿了。刘邦还没当山贼的时候就干过这种徭役，他从沛县出发，走了很远的路，一直走到秦朝首都咸阳去修皇宫。这种工作对原来的秦国人来说容易接受，因为首都离他们的家不远啊。可是对楚国人来说就很痛苦了，因为距离太远，一路上不仅要花费很多的时间，吃很多苦，还会耽误家里的农活儿，太不划算了。

刘邦好不容易干完活儿回到沛县，结果不久就接到通知，因为人手不够还要加派徭役。县衙就把这个任务交给了刘邦，让他带着沛县的一百多个年轻人再去一趟咸阳附近服徭役。这时候大家都被徭役折磨得受不了了，刘邦带着这些人还没走出沛县的范围，就已经跑了好多人了。刘邦本来就对加派的工作不满，现在跑了这么多人也没法儿交差，再加上大家本来就是老乡，很多人都互相认识，于是大家决定干脆不去了，跑到沛县附近当山贼去了。[1]

就在同一年发生了陈胜吴广起义，过程几乎一模一样。陈胜和吴广也都是楚国人，也是在服徭役的路上。而且他们这趟路走得更远，要去北方边境当兵，走到一半因为下大雨赶不上期限，按秦法

---

[1]《史记·高祖本纪》："高祖以亭长为县送徒郦山，徒多道亡。自度比至皆亡之，到丰西泽中，止饮，夜乃解纵所送徒。曰：'公等皆去，吾亦从此逝矣！'徒中壮士愿从者十余人。"

当斩，于是也造反了。

陈胜和吴广造反后，各地老百姓接二连三地造反，其中最积极的就是楚国人。除刘邦外，灭秦的另一个重要人物——项羽也是楚国人。再加上其他地区的百姓也跟着造反，秦朝很快就灭亡了。

秦朝灭亡后，下一个统一全国的是刘邦建立的汉朝。汉朝和秦朝不一样，仅仅是前半段的西汉就维持了两百多年。同样是统一的大帝国，汉朝用什么办法避免了秦朝的问题呢？

有关项羽的三个关键词

项羽是中国历史上最有魅力的人物之一。如果想用最短的时间来了解项羽,可以抓住以下三个关键词。

第一个关键词:武艺高强

项羽是一员名将。但是历史上的名将不一定武艺高强,因为当将军最重要的是用脑子指挥,而不是亲自肉搏。

但项羽是个例外。《史记》里有很多关于项羽武艺高强的记录。最早项羽起兵的时候,他一个人在官府里就杀了上百人。[1]最后项羽被刘邦打败的时候,项羽身边只有二十八名骑兵,被刘邦的几千名骑兵包围。项羽毫不畏惧,带骑兵左冲右突,如入无人之境,一次冲锋就杀了数百人,自己这边只死了两个人。[2]打到后来,项羽徒步作战,一个人又杀了数百人。最后项羽身上全是伤,还是没被汉军抓住,而是自刎身亡。[3]

《史记》甚至还描写项羽两次靠瞪眼睛吓退了敌人。有一次一个神射手用弓箭瞄准了项羽,结果项羽冲他一瞪眼,把这个神射手吓得立刻掉头就跑,躲到营地里不敢出来了。[4]最后项羽被刘邦围困的时候,一员汉将追击项羽,项羽一瞪眼,吓得他连人带马跑出去好几里地。[5]

我们从这些描写中可以看出,《史记》的作者司马迁十分偏爱项羽。虽然这些描述或许会

---

1 《史记·项羽本纪》:"梁召籍入。须臾,梁眴籍曰:'可行矣!'于是籍遂拔剑斩守头。……门下大惊,扰乱,籍所击杀数十百人。一府中皆慴伏,莫敢起。"

2 《史记·项羽本纪》:"项王乃复引兵而东,至东城,乃有二十八骑。汉骑追者数千人。……乃分其骑以为四队,四向。汉军围之数重。项王谓其骑曰:'吾为公取彼一将。'令四面骑驰下,……项王乃驰,复斩汉一都尉,杀数十百人,复聚其骑,亡其两骑耳。乃谓其骑曰:'何如?'骑皆伏曰:'如大王言。'"

3 《史记·项羽本纪》:"乃令骑皆下马步行,持短兵接战。独籍所杀汉军数百人。项王身亦被十余创。……乃自刎而死。"

4 《史记·项羽本纪》:"汉有善骑射者楼烦,楚挑战三合,楼烦辄射杀之。项王大怒,乃自被甲持戟挑战。楼烦欲射之,项王瞋目叱之,楼烦目不敢视,手不敢发,遂走还入壁,不敢复出。"

5 《史记·项羽本纪》:"是时,赤泉侯为骑将,追项王,项王瞋目而叱之,赤泉侯人马俱惊,辟易数里。"

有夸张的成分，但是《史记》一向以严谨可靠著称，这些记录不会是空穴来风，项羽恐怕的确是一个武艺高强的人。

第二个关键词：军事天才

项羽的统率能力超强，一生打过很多大胜仗。他的成名战是"巨鹿之战"。当时六国的旧贵族起兵反对秦朝的统治，秦军派出一名特别厉害的将军，带领几十万大军反攻，一路势如破竹，消灭了好多起义军的部队。后来秦军包围了一个叫作巨鹿的地方，其他诸侯派军队救援，但是救援的部队赶到后都不敢跟秦军交战，躲在营垒里不出来。项羽也带了一小支部队来到前线，他破釜沉舟，主动向秦军主力冲锋。结果项羽和秦军连打九仗，把秦军主力击溃了。[1]

打完这场仗后，那些旁观的诸侯将领彻底拜服。他们去拜见项羽，进入项羽的军营后跪着前进，连头都不敢抬起来。从此以后，虽然项羽名义上还是楚王手下的将领，但他实际上已经成为各支起义军的盟主。项羽用这场仗打出了自己的政治地位。

第三个关键词：太年轻

打赢巨鹿之战的时候，项羽只有二十五岁。他自立为西楚霸王并分封天下的时候只有二十六岁。在今天，这个岁数的人刚走进社会，还什么都不懂呢，可是项羽已经成为天下霸主了。项羽由于成名太早、太顺利，过刚易折，心性还不够坚韧。他有些骄傲莽撞，导致后来对付刘邦的时候做出很多错误的决定。

刘邦不一样，刘邦比项羽大了二十四岁，大了一辈都不止。项羽成名的时候，刘邦已经快五十岁了，这个年纪的刘邦已经成长得老奸巨猾了。所以我们在项羽和刘邦的互动中会发现，项羽表现得像个孩子，生气的时候特别暴躁，高兴的时候又天真。刘邦则是老奸巨猾，嘴上甜言蜜语，你要什么都给你，等到该翻脸的时候绝不留情面。再加上项羽刚愎自用，不愿意听身边人的建议，最后吃亏的总是他。这是刘邦能够获胜的原因之一。

---

[1]《史记·项羽本纪》："项羽……乃遣当阳君、蒲将军将卒二万渡河，救巨鹿。战少利，陈余复请兵。项羽乃悉引兵渡河，皆沉船，破釜甑，烧庐舍，持三日粮，以示士卒必死，无一还心。于是至则围王离，与秦军遇，九战，绝其甬道，大破之。"

假如你必须现场造一台机器人

郡国制

汉朝的开国皇帝是刘邦。在中国历史上，大多数开国皇帝的出身都很好，一般都是贵族、将军出身，差一点儿的也是在家乡称霸的大地主。这是因为出身好的人能受到更好的教育，拥有更多的社会资源，成功的可能性当然也就更大一些。只有两个重要王朝的开国皇帝是例外，一个是明朝的开国皇帝朱元璋，另一个是西汉的开国皇帝刘邦。

这一次单说刘邦。刘邦的父母是普通老百姓，但是家里有点儿钱，在本地有一些威望。大致可以类比成今天某个县里的乡镇企业家，在本地算个人物，但是在县城之外的影响力就是零了。刘邦年轻的时候念过一点儿书[1]，但是他不喜欢学习，长大后当了一个"游侠"，没有正经的工作，成天游荡，到处结交朋友，混得不好的时候只能找亲友蹭吃蹭喝。他后来当过一段时间的小官，还当过一小

---

[1]《史记·韩信卢绾列传》："及高祖、卢绾壮，俱学书，又相爱也。"

段时间的山贼。要不是陈胜和吴广正好起义,他这辈子的身份应该是"小财主的不孝儿子、游手好闲的通缉犯",成为沛县父母教育孩子的反面典型了。

和刘邦一起造反的兄弟也大多出身低微,很多人都是和他同一个县的好朋友。比如刘邦有一个非常重要的大臣——萧何,他帮助刘邦管理国家,整理税收,制定政策,还为刘邦找到了最重要的将领——韩信。萧何这么一个重要的人,他在造反前只是当地的县秘书长。县令就是个小官,他还是给县令打杂儿的。可是萧何在这帮人里还算是地位高的,其他几个兄弟就更平凡了,有管县监狱的,有管马车的,还有屠夫,就是这么一群人组成了刘邦政权的核心班子。如果问他们一个县怎么运转,他们知道得清清楚楚,比秦始皇知道得还多。但是要问他们怎么管理一支军队,怎么在两地之间调拨资源,怎么建立一个能控制全国的政府,这帮人就一问三不知了。所以当历史的大浪把刘邦推上问鼎天下的舞台时,就相当于给一群小学生扔了一把螺丝刀,让他们凭空造出一台机器人。这根本就没法儿下手啊!

刘邦是怎么解决的呢?

刘邦没有治国的经验,但是有混社会的经验。混社会讲究的是随机应变,走一步算一步。这事儿不懂我先干着,干出问题再琢磨怎么改。在秦朝灭亡后,刘邦的主要对手是项羽。项羽是楚国名将之后,军事素养极高。有好多次刘邦自以为是地跟项羽打仗,结果一败涂地,差点儿被杀掉。但是败了又怎么样呢?咱们走一步算一步嘛,输了就跪下求饶,就耍赖、撒谎、落荒而逃。等躲过这一劫,手上攒了一点儿兵马,然后重新再来。

所以刘邦的草莽出身也算是一种优势。而且因为这个草莽脾气,刘邦还"捡了一个大漏儿"。刘邦的军事才能远远不如项羽,他是因为拥有了名将韩信,最后才能打败项羽。而韩信在投靠刘邦之前追随的是项羽。但是韩信因为出身低微,无权无势,在贵族云集的项羽阵营很难有出头之日。

刘邦不一样。刘邦自己的出身就不高贵,跟韩信一比,两人半斤八两,谁也别瞧不起谁。而且刘邦本来干的也是没本儿的买卖,习惯了以小博大、空手套白狼。所以当韩信要求刘邦重用他的时候,刘邦直接把全军的指挥权交给他。别人惊讶刘邦怎么胆儿这么大,但是在刘邦那里就是走一步算一步嘛。你想指挥全军我就让你试试,大不了失败了把你砍了再换别人嘛。

就是这种"走一步算一步"的草莽精神,再加上一点儿运气,让刘邦最后打败了项羽,统一了天下。

等刘邦得到天下后,更大的麻烦来了:应该用什么方式统治它呢?这事儿别说刘邦不知道,当时全天下的精英都不知道。大家知道的只有错误的示范:往前走,用法家的制度,有秦朝的前车之鉴;往回走,改成分封制,战国混战的教训犹在眼前。可是也不能把好不容易打下的江山就这么放着不管啊,那该怎么办呢?

既然大家都不知道,那就是刘邦熟悉的领域了:走一步算一步嘛。

刘邦出身草莽,熟悉老百姓的生活,知道老百姓的习俗跟朝廷的设计可能有天壤之别。因此刘邦集团在制定国家政策的时候只有一个原则:尊重当地百姓的习惯。

历史书上说,当年刘邦攻入秦国的时候找到当地父老,和父老"约法三章":杀人者被判死罪,伤人和偷盗都要受到惩罚,除此以外,废除所有的秦国法律。历史书上常用这个例子说明刘邦是个顺应民心的仁君。但实际上刘邦的"约法三章"只执行了几个月，等到刘邦在秦地站稳脚跟后，还是继续用秦国的法律管理秦国百姓。[1]这是因为秦国的制度在这里已经运转了一百多年，老百姓已经习惯了。再说，用这套制度能提供更多的粮食和士兵，那有什么理由不用呢？

后来刘邦和项羽争夺天下的时候，萧何就是用秦国的制度管理秦地，为刘邦源源不断地提供军队和粮食。刘邦和项羽打仗经常输，全是靠萧何不断地补给，才取得最后的胜利。这就是刘邦集团"尊重当地百姓的习惯"带来的好处。

在秦国之外的地区，刘邦就不会用秦国的制度了。那些地区原本是各自为政的六国，刘邦就把它们还变成诸侯国，国家内部的制度也尽量符合老百姓的习惯。比如刘邦派了一个亲信去管理齐国。他的这个亲信到了齐国后，没有风风火火地"新官上任三把火"，而是召集了当地的老人和读书人，询问他们怎么做才能安抚好当地的百姓。[2]这跟秦始皇那种雷霆霹雳式的统治风格正好是相反的。用大白话说，秦始皇是什么都要管，汉朝初年的政府是能不管就不管。

这套政策在汉朝初年特别有用，它最大限度地减少了朝廷和基层百姓之间的摩擦。当时天下刚刚经历了很多年的战乱，死了太多的人，很多田地都荒废了。老百姓只想尽量多种地，努力活下去。这时的政府只要撒手不管，百姓自己就能把地种好，经济自然就恢复了。这就是汉朝初年采取的"无为而治"政策，历史书把这项政策总结成"与民休息"。依靠这项政策，汉朝初年的经济快速恢复

---

1 陈苏镇：《〈春秋〉与"汉道"：两汉政治与政治文化研究》，中华书局，2011，第62页。
2 《史记·曹相国世家》："孝惠帝元年，除诸侯相国法，更以参为齐丞相。参之相齐，齐七十城。天下初定，悼惠王富于春秋，参尽召长老诸生，问所以安集百姓。"

了，到了汉武帝的时候，国家已经非常富足了。

以我们的"后见之明"来看，刘邦无意中找到了管理古代帝国的答案：既不像秦始皇那样管得超级严（那样政府的管理成本太高，政府和老百姓的矛盾也大），也不像西周分封制那样基本不管（那样地方管理者容易坐大造反），而是选择了一条中间的道路：管，但是不管太多。交税、造反之类的"大事"基层必须认真办，民间纠纷之类的"小事"朝廷就不怎么管，让民间的父老、大家族的族长自己解决。老百姓要是不乐意了也是他们跟父老之间的私怨，跟朝廷没关系。采用这种模式，刘邦建立的西汉政权维持了两百多年。后来的统治者也觉得这种模式有道理，他们在管理国家的时候也参考了刘邦的思路。

刘邦暂时解决了内部稳定的问题，但是汉帝国还要应对来自外界的威胁，这事儿可就不那么容易解决了。

假如你是打赢了仗的汉武帝

草原文明

所谓"秦皇汉武",秦始皇和汉武帝可谓中国历史上最引人注目的两位皇帝。咱们这一次就来扮演汉武帝刘彻。

刘彻当上皇帝的时候,距离刘邦建立汉朝已经过了六十年。在之前的六十年里,汉朝采用了"能不管就不管"的政策,经济因此快速发展。等到刘彻当皇帝的时候,汉帝国内部的政治已经很稳定了,国家也积累了大量财富。汉武帝有了钱,打算干一件大事:报仇。

报仇的对象是北方的游牧民族。在中国的北方,长城以北的地区有大片草原,古代的草原上生活着很多靠放牧谋生的民族,叫作游牧民族。古代的游牧民族拥有大量的骑兵,战斗力强,机动性高,经常向南进攻农耕地区,夺走粮食和百姓。

当年西周分封诸侯国,诸侯有项重要的义务就是帮助周王室抵御周边部族的进攻,其中一个主要的对手就是北方的游牧民族。到了战国时期,诸侯国的实力变强了,游牧民族的实力也变强了。原本分散的游牧民族联合在一起,变成一个强大的政权,被称作"匈奴"。当时北边的诸侯国经常要和匈奴作战,很多国家因此修建了城墙。秦始皇统一六国后,派出大军进攻匈奴,还把之前诸侯国修建的城墙连在一起,这就是长城。

但是这些努力都不能阻止匈奴的攻势。刘邦建立汉朝后,匈奴又大举进攻,双方打了一场大仗。结果汉军大败,刘邦本人被匈奴包围了七天七夜,差一点儿就被抓住了。这场仗打完,汉朝元气大伤,刘邦跟匈奴提出和亲,并答应每年送给匈奴很多财宝,换来双方暂时的和平。

可是那个时代没有国际法,说话不算话也没人管。匈奴知道汉朝势弱,因此就算拿了钱还是会经常骚扰汉朝。后来刘邦去世,刘邦的老婆吕后掌权。这时匈奴的首领给吕后写了一封信,说:"我没有老婆,你也没有老公,要不咱俩在一块儿过吧。"

您想,两国的掌权者之间哪儿有这么说话的?这可不是一般的羞辱,真是太过分了。而且吕后还是个特别霸道的人,她这一辈子杀了一大堆王公大臣、皇亲国戚,从来没有含糊过。吕后看到匈奴首领的这封信后勃然大怒,第一反应是这还能忍吗?发兵打他啊!但是吕后很快就冷静下来,知道一旦开战最后还是汉朝吃亏。于是她给匈奴写了一封回信:"我岁数大了,牙齿也掉了,伺候不了您。我还是送您点儿东西吧。"然后她把皇室用的车马送给了匈奴。[1]

---

[1] 《汉书·匈奴传上》:"孝惠、高后时,冒顿浸骄,乃为书,使使遗高后曰:'孤偾之君,生于沮泽之中,长于平野牛马之域,数至边境,愿游中国。陛下独立,孤偾独居。两主不乐,无以自虞,愿以所有,易其所无。'高后大怒,……令大谒者张泽报书曰:'单于不忘弊邑,赐之以书,弊邑恐惧。退日自图,年老气衰,发齿堕落,行步失度,单于过听,不足以自污。弊邑无罪,宜在见赦。窃有御车二乘,马二驷,以奉常驾。'"

对汉朝皇室来说，这当然是奇耻大辱。可是实力不如人，这口气就得忍着。等忍到汉武帝的时候，情况终于不一样了。这时的汉朝经济强盛，军队也非常强大了。这回换成匈奴主动向汉朝请求和亲，可是汉武帝也不傻啊："你们早干吗去了？现在轮到我强大了，当然要揍你了。"

于是汉武帝就组织了一支强大的军队，向草原深处进攻。

这场仗应该怎么打呢？最开始在农耕区边上的战争比较简单，因为这些地方还有一些农田。只要有足够的农田，汉朝就可以长期驻守一支部队，建立一个军事据点。只要汉朝的军队够多、够强大，就能一个据点一个据点地往前推进。

可是再往北打，就有问题了。

中国大体上越靠北方越干旱。气候干到一定程度，土地里就长不出粮食，只能长草，这种地方就是草原。因此汉朝的远征军一路向北打的时候，越打农田越少，打到后来几乎就见不到田地了。

没有农田，人们只能靠放牧谋生，让牛羊吃了草后，人再吃肉和喝奶。可是草里的热量太低了，一大片草场也养不起一个部落的牛羊。人们必须带着牛羊不断搬家，寻找新的草场，因此才要"游牧"。

因为要不断搬家，所以草原上很少有定居点和仓库。汉朝的军队在草原上得不到补给，每天吃的粮食必须从农耕地区运过来。可是古代陆地运输的成本非常高，甚至能达到粮食本身的几十倍。比如要运一车粮食到前线，一路上运输的人和牲畜自己就要吃掉几十车粮食，只有几十分之一的粮食能运到前线。[1]这就意味着汉朝军队

---

1 《史记·平津侯主父列传》："又使天下蜚刍挽粟，起于黄、腄、琅邪负海之郡，转输北河，率三十钟而致一石。"

在草原上行军的成本是平时的几十倍,军费一下子就暴涨了。

偏偏草原的面积十分广阔,匈奴有很大的后撤空间。用现在的话说,就是有很大的战略纵深。匈奴的战术很简单:打不过就往后撤,撤到汉朝军队没粮食只能撤兵的时候,匈奴就赢了。

结果这一次汉武帝来了一招儿狠的。他要远征军不计成本地往草原深处打,无论需要多少钱粮他都给解决。最终,远征军打到了今天蒙古国的北侧,匈奴部落受到重创,只能逃到更远的地方。[1]

从军事角度讲,这是一场空前的大胜利。汉武帝很开心,可接下来遇到问题了:怎么巩固这场胜利呢?接下来要怎么做,才能彻底平定北方,让游牧民族永远不能再进攻呢?

如果你是汉武帝,你会选择什么办法呢?

一个选择是彻底占领草原。既然是花了大力气打下来的地方,当然不能白白丢掉;应该派一支大军常驻草原,把草场变成汉帝国的后花园。

还有一个选择是撤回军队,毁掉沿途的水井,焚烧野草,破坏草原的生态环境,让匈奴永远不能在草原上生存。

你觉得哪一个选择更靠谱呢?

假想历史

设置机构,常驻草原

我凭实力打下来的草原,当然就得是我的。匈奴可以长居草

---

[1] 指元狩四年(公元前119年)漠北之战。——编者注

原，汉朝的军队为什么就不行呢？于是在这条假想的时间线里，汉武帝下了一道命令：在草原设立行政机构，任命最信任的将领当"草原大将军"，彻底占领草原。

皇帝金口玉言，"草原大将军"赶紧调兵遣将，执行皇帝的命令。

一旦调动军队，首先就得解决吃饭问题。"草原大将军"的手下们吃什么呢？草原深处没有农田，运粮成本太高，军队吃不起啊。

"草原大将军"把这个困难报告给汉武帝，汉武帝听了勃然大怒："人家匈奴为什么能生活得好好的，还能有那么强大的军队！人家怎么做到的，你们就不能跟着做吗？"

"草原大将军"一想：对啊，匈奴靠牛羊生活，咱们也可以放牧养牛羊嘛。可是在草原上放牧就不能总住在一个地方，必须在几个相距遥远的草场之间来回移动。"草原大将军"一看，得，咱们不能住在房子里了，咱们弄个帐篷到处移动着放牧吧。

于是汉武帝接到"草原大将军"的报告：我们建立了汉帝国的第一支游牧部队，保证控制草原，请皇帝安心！

汉武帝很满意。从此以后，汉武帝每年都能接到"草原大将军"的报告，随信而来的还有草原上的各种特产，汉武帝把中原的好东西赏赐给"草原大将军"，勉励他好好干活儿。

就这样过了好多年，汉武帝慢慢发现，"草原大将军"的汇报不那么及时了，进贡的东西也不那么多了。汉武帝写封信追问他怎么回事，这位大将军的回答也开始怠慢了。汉武帝正要发作，大臣进来汇报，说最近有好多逃犯都喜欢往北边跑，说只要过了长城，投奔"草原大将军"，就能有一条活路。

汉武帝好生气呀，这不是要造反嘛！于是汉武帝下了一道命令，要"草原大将军"把他保护的逃犯都送回来，还要给"草原大将军"罚钱降职："你实在不想干就别干了，我换了你！"结果这道命令发出去后如石沉大海，气得汉武帝又派出好几拨使者去催，过了好久，才等来"草原大将军"的一封回信。信上说："皇上，我错啦，我一定改呀。"但什么送回逃犯啊，什么罚钱降职啊，这些内容回信里是一点儿没提，就当没有这回事儿。

哎？汉武帝看着这封回信觉得有点儿眼熟，这一幕好像发生过啊……这"草原大将军"不就是战国时期不受周王管辖的诸侯嘛！

为什么会发生这样的情况呢？

还是跟财富有关。周代的诸侯赚多少钱周王管不着，因此诸侯发了财就可以不听周王的话。同样，"草原大将军"自己养牛羊自己吃，他手上有多少战马、多少人口，汉武帝也管不了啊。

农耕地区的政权为了防止地方官造反，干了一大堆事：首先是使用郡县制，尽量把每一个老百姓都编入户籍，把税收抓到朝廷的手里；其次，从外地调官员来管理百姓，防止本地人合伙儿骗皇帝；然后，建立监察机构监督地方官，防止地方官骗皇帝；最后，还要经常撤换地方官，防止时间长了地方官跟本地人变成一伙儿的……就算这些事都做到了，各级官员还有各种方式可以欺上瞒下，把一部分税收塞到自己的口袋里。

可是上面这些措施，在古代的草原上通通做不到，因为游牧民族是会移动的啊。在农耕区，皇帝派人检查人口，老百姓还会为了避税躲到大地主那里。在茫茫的草原上，皇帝的使臣到哪儿去数牛羊呀！

在古代的技术条件下，皇帝只能让"草原大将军"自己掌握全部财产，他手下的牛羊和人口想怎么处理就怎么处理，心情不好了就告诉皇帝"最近牛羊生病，这两年没法儿给您进贡了"，皇帝一点儿办法都没有。当"草原大将军"在草原上经营了很长一段时间后，士兵和将领都跟"草原大将军"亲如家人，谁还在乎皇帝的命令呢？这些人在草原上结婚生子，后代从小就生活在草原上，谁还愿意受皇帝派来的官员的管辖呢？经过一两代人后，他们基本上就和汉朝断绝关系，变成游牧民族了。

于是汉武帝发现，之前好不容易赶跑了匈奴，自己在草原上又培养出了"新的匈奴"。汉武帝"一顿操作猛如虎"，结果所有的情况都没有改变，北方的游牧民族依然存在。

真实历史

毁掉草原，军队后撤

汉朝是个农耕国家，所有的制度都是按照农业生产设计的，并不知道怎么经营草原地区，因此在真实的历史里，汉朝的远征军把匈奴赶跑后就回到长城以南了。当然，撤退的时候可以不客气一点儿，向沿途的水井下毒，再把水井填上，把草场烧掉，总之，尽量破坏沿途的生态环境，让游牧民族不能卷土重来。

可是大自然的力量比人类强多了。没过几年，草原又恢复了生机。远走的匈奴很快又回到了草原上。在真实的历史里，匈奴只经过一代人的时间就恢复得差不多了，又开始南下进攻。

于是汉武帝又要组织远征军。可是双方打仗投入的成本是不一样的。游牧民族在本土作战，作为财产的牛羊可以随意驱赶，打不过就撤退。汉武帝的远征军行军距离稍微远一点儿,消耗的粮食就要成倍地增加。这样的远征多来几次,国库就承受不住了。

汉武帝时期,汉朝最为强盛。可是发动了几次远征后,汉朝的国库很快就空了,连军饷都发不出来[1],最后逼得汉武帝不得不向老百姓卖爵位换钱。[2]

从长远来看,这样的远征对汉朝并不划算。[3]汉朝掏空了鼎盛时期的国库,牺牲了大量的军队,换来的只有几十年的和平。对匈奴来说,总和汉朝开战也不划算。因为真要把汉朝的军队惹急了,远征军万里奔袭,匈奴也受不了。既然这场战争双方都觉得不划算,那最后的结果当然是不打了。

从汉武帝以后,农耕民族和游牧民族之间的关系变得比较有规律。如果两边实力差距特别大,那要么是农耕民族要求对方称臣,要么是游牧民族大举进攻,双方处于对立的状态。如果两边实力差不多,那就有很大的可能维持和平。和平之后大家就能贸易往来,这样既省去了打仗花的钱,又能通过贸易赚钱。这对古代的农耕民族和游牧民族来说,是最优的方案。

---

1 《汉书·食货志下》:"其明年,大将军、骠骑大出击胡,赏赐五十万金,军马死者十余万匹,转漕、车甲之费不与焉。是时财匮,战士颇不得禄矣。"
2 《史记·平准书》:"议令民得买爵及赎禁锢免减罪。请置赏官,命曰武功爵。级十七万,凡直三十余万金。诸买武功爵官首者试补吏,先除;千夫如五大夫;其有罪又减二等;爵得至乐卿:以显军功。"
3 徐复观:《两汉思想史·第三卷》,华东师范大学出版社,2001,第74页。

假如你是打开时光之门的汉武帝

盐铁专卖

这一次我们来体验一下皇帝雷霆万钧，想欺负谁就欺负谁的感觉。

汉武帝生活的时代，汉朝国力达到鼎盛。可是汉武帝有个和秦始皇一样的坏毛病：太喜欢花钱。他们花钱的方式也类似：盖宫殿、寻仙和打仗。尤其是汉朝同匈奴之间的战争，消耗了大量的人力和物力，战争打到后来国库已经支撑不住了。

但是民间还有钱。当年刘邦制定的政策对基层管理比较宽松，地方上的小事朝廷不去管理。这么做换来了汉朝初年的稳定，但是也让朝廷没法儿直接管理每一个老百姓。在文件上，朝廷确实掌握了每个老百姓的户籍，按照户籍记录就能收到每个老百姓的税。但实际上因为基层的事务朝廷撒手不管了，地方官员和大地主很容易在文件上做手脚。比如有很多老百姓没有登记在户籍上，而是躲在大地主那里给地主干活儿。这样一来，本该交给汉武帝的税都跑到了地主的手里。结果汉武帝因为打仗国库亏空，老百姓也饥寒交迫,但是地主的手里还有大量的田地和财富,他们笑嘻嘻地在一旁看汉武帝的笑话,汉武帝能不生气嘛![1]

那怎么办呢?

汉武帝和秦始皇一样迷信求仙,有很多方士投其所好,从汉武帝身上骗官骗钱。曾经有个方士在夜里把汉武帝叫到一间昏暗的房间里,在帷帐背后弄出一些人影,骗汉武帝说这是他死去妃子的灵魂,汉武帝还真信了。[2]这当然是低劣的骗术,但是如果有个方士真会仙术,真能召唤出古人的灵魂,那会出现什么情况呢?

好比有一天,方士把汉武帝请到一间屋子里,一撸袖子:"您瞧好啦,我给您来个人间奇迹!天灵灵,地灵灵——"一顿作法,然后"咔嚓"一下子,半空中出现一道时光裂缝。这道裂缝就跟一面镜子一样,里面都是人影儿。

汉武帝看傻了,瞪大了眼睛往里瞧:这里面都是谁啊?

仔细一看,里面的人穿得都不错,相貌也很威严。再一看穿着打扮,哎哟,这些不都是过去的君主吗?什么时代的都有,上自黄帝炎帝,下到刘邦项羽。哎呀,老前辈都在里面呢!

裂缝里的人也在往外瞧,也新鲜:"怎么今天看见大活人了?"

方士一边高举双手,龇牙咧嘴地维持法术,一边大叫:"皇上,您赶紧说词儿啊!您问点儿什么!法术支撑不了多久,有什么想问的赶紧问!"

问!得问点儿什么!——汉武帝立刻想到:"对了,我缺钱

---

[1] 《史记·平准书》:"当此之时,网疏而民富,役财骄溢,或至兼并,豪党之徒,以武断于乡曲。……富商大贾或滞财役贫,转毂百数,废居居邑,封君皆低首仰给。冶铸煮盐,财或累万金,而不佐国家之急,黎民重困。"

[2] 《史记·孝武本纪》:"其明年,齐人少翁以鬼神方见上。上有所幸王夫人,夫人卒,少翁以方术盖夜致王夫人及灶鬼之貌云,天子自帷中望见焉。于是乃拜少翁为文成将军,赏赐甚多,以客礼礼之。"

啊！我得问问前辈们，我怎么捞钱！"

汉武帝赶忙问道："前辈们，我长话短说，如果你们手下有很多大地主、大富豪，他们藏着钱不交给你，藏着人不给你干活儿，你们会怎么办呀？"

裂缝里的前辈们七嘴八舌。

黄帝说："什么是地主？"炎帝说："什么是钱？"周公说："你还能找他们要到钱？"秦二世挤进一脑袋："大哥，你这屋装修得挺好看啊。"说了半天，一句有用的话都没有。

只有秦始皇的话听起来有用："天下人人自私自利，你不用雷霆的手段，就不可能把钱收上来！记住，你是天子。天子一怒，伏尸百万。你不震怒，谁能服你！"这番话说得汉武帝心跳加快，若有所思地点了点头。

方士实在撑不下去了，时光裂缝正在不断缩小。就在裂缝合上的前一刻，有人一把把秦始皇推开，是当年实行管仲变法的齐桓公，他对着汉武帝大叫："别听这蛮夷胡咧咧！统治是艺术，要有技巧！记住两个字：盐铁，盐铁！盐铁是秘诀！……"

话还没说完，时光裂缝已经合上了。

方士口吐鲜血，趴在地上起不来了。汉武帝脑中回荡着刚才听到的两句话："用雷霆的手段！""统治要有技巧！"

谁说的有道理呢？

——我贵为皇帝，我有千军万马，为什么要怕几个小地主呢？下一道命令朝他们增税不就可以了吗？

——可是转念一想，盐铁专卖更巧妙啊，谁不愿意收税于无形呢？

如果你是汉武帝，你会选择哪种方法呢？

真实历史

汉武帝的雷霆手段

汉武帝专横的性格和秦始皇很像,他很喜欢对老百姓来硬的。在真实的历史里,汉武帝曾经颁布法令直接增税。

当时商业很繁荣,出现了很多大商人,于是汉武帝颁布"算缗(mín)令"。"缗"是古代串铜钱用的绳子,后来成了金钱的计量单位,"一缗"是一串铜钱。算缗令就是要盘查每户商人家里有多少钱,按照比例收税。换句话说,算缗令是针对商人阶层的财产税,家里财产越多的人交的税越多。[1]

这个税本身的思路没问题,问题是没法儿收啊。商人家里有多少钱,为什么要老老实实告诉官府呢?古代人做买卖又没有发票,每天到底赚了多少钱又花了多少钱,官府怎么能知道呢?商人大可以给经手的官员一笔钱,让官员把汇报的钱数少算一点儿。反正文件上的数字都是严丝合缝的,汉武帝坐在皇宫里啥毛病都看不出来。

所以算缗令颁布后效果很差,商人们拼命隐瞒财产,钱还是收不上来。汉武帝一看不行,又颁布了"告缗令",鼓励老百姓检举逃税的人。[2]如果告发属实,被告发的人没收全部财产,检举者可以得到一半财产。

这一招儿真是阴险毒辣,它激发了人性中最阴暗的部分,让被统治者互相仇视、互相伤害。但是它也确实有效。有钱人瞒得住远

---

[1] 《史记·平准书》:"异时算轺车,贾人缗钱皆有差,请算如故。诸贾人末作贳贷买,居邑稽诸物,及商以取利者,虽无市籍,各以其物自占,率缗钱二千而一算。诸作有租及铸,率缗钱四千一算。非吏比者三老、北边骑士,轺车以一算;商贾人轺车二算;船五丈以上一算。"

[2] 《史记·平准书》:"天子既下缗钱令而尊卜式,百姓终莫分财佐县官,于是杨可告缗钱纵矣。"

在天边的皇上,却瞒不住身边的乡里乡亲。对平民百姓来说,只要动动嘴唇,身边那个豪门大院里的财富就有一半属于自己了,这诱惑实在是太大了。所以告缗令一出,一时间有很多大商人被告发,汉武帝确实赚了一大笔钱。[1]

那商人是什么反应呢?税重到一定程度,积累财富就没有意义了。颁布告缗令后,大量商人破产,于是剩下的商人不再投资,转而把手里的钱用来吃喝玩乐。[2]竭泽而渔的结果是鱼自己先不活了,最后吃亏的还是全国的经济。换句话说,汉武帝现在对商人的压榨已经达到了极限,再继续下去就会破坏生产力了。

不过中国古代的主要生产方式是农业,还有大量的财富掌握在地主的手里,怎么收拾他们呢?

当然,类似告缗令的方案仍旧有效,可以鼓励天下人告发大地主嘛。问题是,光有人告发不行,还得派人去查证。那让谁来查证呢?让地方官来查证?地方官原本就跟这些大地主是一伙儿的啊。所以要检查大地主的财产,汉武帝需要从原来的官僚系统之外再提拔一批人。汉武帝给这帮人特权,他们可以不听各级官员的话,任意处分豪强地主。他们因为做事不择手段,所以又被叫作"酷吏"。

对汉武帝来说,酷吏的好处是方便用,让他们灭谁他们就灭谁,每次出手都能实实在在给皇帝捞回一大笔钱。但问题是,谁又来监督这些酷吏呢?当他们手握大权远离首都去打击地主的时候,为什么不用特权给自己牟利呢?实际上都不需要他们费心牟利,只要他们不使劲拒绝,自然有人把无数金银财宝硬塞进他们的口袋里,还没回过神

---

[1] 《史记·平准书》:"得民财物以亿计,奴婢以千万数,田大县数百顷,小县百余顷,宅亦如之。"
[2] 《史记·平准书》:"于是商贾中家以上大率破,民偷甘食好衣,不事畜藏之产业。"

儿来呢，就已经大富大贵了。于是，这些酷吏很快成了新的权贵，在他们的羽翼下又诞生了一批新的大地主。汉武帝按下葫芦又浮起瓢，看上去好像雷霆万钧地整治江山，实际上什么都没有改变。

汉武帝失败的原因很简单：中国太广大了。要想有效地管理这么大的国家，一定要有成熟的制度——说白了，就是得设计一大堆规则：规定这件事谁来办，怎么办，什么样的标准算办好了，谁来检查，谁又来检查负责检查的人——得有这么一大套规则，保证无论多么自私狡诈的人都很难钻空子，这样的制度才能真的改变国家。像算缗令、告缗令和特权酷吏这种皇帝一拍脑袋想出来的命令，只会给执行的人留下更多的漏洞，让他们成为新的大地主。

汉武帝后来也醒悟过来了，这几项政策都被陆续取消。但是汉武帝和他的谋臣们也没有更好的办法解决大地主的问题。到了汉武帝晚年，登记在户籍上的人口数量已经减少了一半。其中一部分是因为战争和饥寒死去的百姓，但更多的是在朝廷的重压之下脱离户籍，跑到大地主那里寻求庇护的人。结果朝廷的收入越来越少，大地主们的力量一天比一天强。再这么下去，大汉真的要亡了。

谁可以改变这一切呢？

真实历史

齐桓公的盐铁专卖

统治当然要讲技巧。

自从齐桓公实行盐铁专卖后，古代的统治者都知道了盐铁是税收的"财富密码"。只要条件允许，都会选择垄断盐铁。汉朝初年也是这么做的。不过当时的汉朝政府只是向几个大的盐铁商人直接收税，接下来商品怎么卖、卖多少钱，政府就不管了。原因很简单，这样做省事嘛。

可是这样一来，政府就会少赚好多钱。因为商人可以直接面对每一个买家，可以因地制宜地定价。贫穷的地方卖便宜点儿，富裕的地方卖贵点儿。中国幅员辽阔，不同地区之间消息闭塞，因此商人可以靠赚取差价获得巨大的利润。在汉朝初年，很多商人都因为贩卖盐铁发了财。[1]

如果把盐铁销售看成对老百姓的变相征税，那么"直接找盐铁商人要一笔钱"的模式，就好比税收里的"包税制"，也就是政府把一个地区的税收权交给一个包税人，包税人交给政府一笔钱，换来向这个地区收税的特权。包税人能从老百姓手里收到多少税，政府就不管了。显然在这种模式下政府会吃很大的亏，老百姓被压榨到极限，可是发财的是中间的包税人。

汉武帝哪儿容忍得了这个啊。于是他下令，以后只许政府销售盐铁，私人不能插手。[2]命令一下，汉武帝立刻获得了大量的财富，后来有一部分军费就出自盐铁专卖的利润。[3]

但是在古代，由政府完全主导的商业活动也有问题：下面办事的人他不好好儿干啊。第一，这买卖是官府垄断的，老百姓只能在官商这里买，那把商品生产得多差都无所谓，反正老百姓还是得

---

[1] 傅筑夫：《中国封建社会经济史：第二卷》，人民出版社，1982，第404页。
[2] 对于汉武帝是否实行盐铁专卖，有些学者有不同意见，如林甘泉认为"由于盐是生活必需品，社会需要量大，要完全由国家来组织生产是有困难的，因此铁器生产和销售都由官府来经营，而盐只是实行官府专卖，并不禁止私人生产"。具体讨论可见林甘泉主编的《中国经济通史：秦汉经济卷》。
[3] 《史记·平准书》："汉发南方吏卒往诛之，间岁万余人，费皆仰给大农。大农以均输调盐铁助赋，故能赡之。"

买。第二，这买卖也不是官员自己的，赚了赔了都是皇上的，那还费什么心思呢？所以盐铁专卖以后，商品的质量越来越差。[1]后来官府卖的铁制农具又贵又没法儿用，老百姓干脆就不买了，宁可用木头农具，甚至用手去挖土。[2]这严重影响了农业生产，最后遭受损失的还是国家。[3]结果经营铁器的官员还不乐意："你们不买，我们怎么完成任务呢？"他们还要强卖给老百姓，这就变成新的压榨手段了。[4]

换句话说，过度干涉基层的盐铁政策会降低全国的生产效率，代价很大。

盐铁专卖确实阻止了民间商人从中发财，但是也给了经手官员新的发财机会。后来很多从事盐铁方面工作的官员都成了大财主，相当于钱从盐铁商人的口袋转移到了官员的口袋，皇帝并没有占到什么便宜。

从本质上说，汉武帝痛苦的是他从老百姓身上榨取财富时，总会有一大笔钱流到中间经手的人——地主、商人、各级官员——的手里。但是中国幅员辽阔，古代政府行政效率低下，这是永远解决不了的问题。皇帝可以用各种手段消灭旧的既得利益者，但总会创造出新的富翁和地主。[5]这些人拥有的土地和人口越来越多，朝廷的税收就会越来越少。等到最后，王朝只能走向崩溃。从这个角度看，古代王朝的灭亡是必然的。

有人能阻止这一切吗？

---

1 《盐铁论·水旱》："今总其原，一其贾，器多坚硞，善恶无所择。吏数不在，器难得。家人不能多储，多储则镇生。弃膏腴之日，远市田器，则后良时。"

2 《盐铁论·水旱》："县官鼓铸铁器，大抵多为大器，务应员程，不给民用。民用钝弊，割草不痛，是以农夫作剧，得获者少，百姓苦之矣。……盐铁贾贵，百姓不便。贫民或木耕手耨，土櫌啖食。"

3 傅筑夫：《中国封建社会经济史：第二卷》，人民出版社，1982，第673—674页。

4 《盐铁论·水旱》："铁官卖器不售，或颇赋与民。"

5 傅筑夫：《中国封建社会经济史：第二卷》，人民出版社，1982，第154—155页。

假如你捡到一本拯救世界的秘籍

王莽新政

知识可以改变命运吗?

这一次,我们来关注一名热爱学习的好学生,他想通过学习改变天下的命运。

汉朝从时间上可以分成前后两部分,前一个王朝的首都是长安,在中国的西边;后一个王朝的首都是洛阳,相对靠东边。所以前一个王朝我们称作"西汉",后一个王朝我们称作"东汉"。之前说的刘邦和汉武帝的各种事情,都发生在"西汉"。

汉武帝是可以和秦始皇并称的雄主,但是因为古代统治效率低下,汉武帝用尽办法都不能阻止税收流入各级官员和大地主的口袋。等到汉武帝去世后,大地主的问题越来越严重。他们藏匿的人口越多,朝廷的收入也就越少。后来朝廷的钱实在不够花了,只能向老百姓加税。可是朝廷一加税,老百姓就更有理由脱离户籍投奔大地主了。

这样一来就陷入了恶性循环。朝廷的收入越来越少,老百姓的负担却越来越重。到了汉朝末年，国家的经济危机已经非常严重了。

严重到什么程度呢？在一般情况下，古代大臣劝谏皇帝都会委婉着说，比如："皇上您特别贤明，咱们国家也特别好。您只是有一点儿小缺点，改了就能锦上添花了！"可是等到西汉末年，大臣说话都没顾忌了，直接说："皇上，自从您即位以来，日月昏暗，星辰逆行，四季失调，天地变色，人民忍饥挨饿，遍地都是盗贼，您说这是不是乱世！"结果皇上也说："你说得对啊，咱们现在就是乱世！问题是我确实无德无能啊！"[1]这是个上层精英公开承认国家要完蛋的时代，形势已经糟透了。在这种情况下，整个汉朝的达官贵人、知识精英，都盼望有人能站出来拯救天下。

结果还真出现了这么一个人，他叫作王莽。

西汉末年时，皇帝说话已经不算数了，王朝的权力掌握在一些超级大家族的手里。王莽他们家族就是其中权力最大的一个。可想而知，他们家族里的大多数人都不好好念书，成天想的是怎么过得更奢华一点儿。可王莽是个另类。王莽因为父亲去世得早，他在家族里的地位比较低。[2]所以王莽学习特别刻苦，努力要当一个好学生。在古代，"学习"和"道德"两件事是合在一起的。做好学生不仅要熟读课本，还要遵守道德规范。王莽也是这么做的，他不光书本念得熟，还用特别高的道德标准要求自己。[3]后来他当了官，有

---

[1] 《资治通鉴·汉纪二十一》："'今陛下即位以来，日月失明，星辰逆行，山崩，泉涌，地震，石陨，夏霜，冬雷，春凋，秋荣，陨霜不杀，水、旱、螟、虫，民人饥、疫，盗贼不禁，刑人满市，《春秋》所记灾异尽备。陛下视今为治邪，乱邪？'上曰：'亦极乱耳，尚何道！'"

[2] 《汉书·王莽传》："莽独孤贫，因折节为恭俭。"

[3] 《汉书·王莽传》："受《礼经》，师事沛郡陈参，勤身博学，被服如儒生。事母及寡嫂，养孤兄子，行甚敕备。"

了钱，但是他把家里的钱都拿出来接济别人，[1]家人穿得跟仆人一样朴素。[2]后来王莽的儿子杀死了奴婢，这对当时的贵族来说不算什么事，可王莽强逼儿子自杀谢罪。[3]王莽的道德水平可以说是当时贵族的"天花板"了。

汉帝国的精英们兴奋了。

汉代人有一种特殊的世界观，他们认为，世界上有一类人叫作"圣人"，圣人已经洞悉了宇宙的终极秘密，如果他们能辅佐君王，天下就太平了。比如春秋时期的孔子就是圣人。汉代已经没有圣人了，但是好在圣人把他们的洞察写在了书里。这些书被汉代的学者称作"经"。汉代学者的任务就是努力学习"经"，从里面挖掘出拯救世界的答案。

王莽认真学习的就是"经"，他学的是圣人的学问。而且王莽身体力行，所作所为看上去也接近圣人。再加上王莽的家族垄断了汉朝的权力，王莽当官不是问题。在当时的人看来，王莽简直集合了拯救天下的所有要素，他就是天下的希望啊。

于是，王莽的声望越来越高。再加上王氏家族原本的权势，最终王莽成了汉帝国最有权力的人，国家大事都由他来管理。当时的人认为，上古君王最伟大的行为是"禅让"：把王位主动让给贤能的人。出现了禅让，那是世道清明的表现。现在王莽简直是圣人再世，这美谈不得再来一次？于是王莽"顺理成章"地逼汉朝皇帝把皇位让给了他，自己登上了皇位。从此西汉结束了，王莽建立了一

---

[1] 《汉书·王莽传》："散舆马衣裘，振施宾客，家无所余。……赏赐邑钱悉以享士，愈为俭约。"
[2] 《汉书·王莽传》："母病，公卿列侯遣夫人问疾，莽妻迎之，衣不曳地，布蔽膝。见之者以为僮使，问知其夫人，皆惊。"
[3] 《汉书·王莽传》："其中子获杀奴，莽切责获，令自杀。"

个新的王朝，叫作"新朝"。

有人说，王莽当皇帝不是为了满足他个人的野心，他是真的想要拯救这个世界，而且他自认为拥有一本拯救世界的秘籍——《周礼》（本名《周官》，后改名为《周礼》）。

汉代人最崇拜的圣人是孔子，可是孔子自己还有一个偶像，就是周公。可以说，周公是"圣人眼中的圣人"。传说周公当年定下的国家制度都写在了一本叫作《周礼》的书里。那《周礼》就是"圣人眼中的圣人"写下的治理国家的终极秘籍了。

问题是，《周礼》这本书失踪了。在造纸术和印刷术普及之前，书籍本来就很稀少。秦始皇统一天下后，下令"焚书坑儒"，毁掉了大量图书。秦朝末年天下混战，又毁掉不少书。等到汉朝初年的时候，《周礼》这本书已经找不到了。后来汉朝皇帝收集天下的图书，有人从民间找到了一本《周礼》献给朝廷。可是这本书是用汉朝人不太熟悉的古文字写成的，已经不太好读了。这书一直收藏在皇家的图书馆里，不给外人看。等到王莽的时代，有一个特别厉害的经学家把《周礼》整理成了当时人们能看得懂的文字，公布了出来。这件事让王莽大喜过望。在王莽看来，自己掌握大权，以及终极秘籍重见天日，这两件事不能是巧合吧？这是天意啊！这证明拯救世界的使命就落在他王莽的身上了！

王莽当上皇帝后，立刻按照《周礼》去改造国家。《周礼》说国家应该用什么制度，他就尽量改造成什么制度。换句话说，如果治理国家是一场考试，王莽认为他已经拿到了正确答案，直接抄就行了。

结果他失败了。

首先的问题是，《周礼》这本书里有好多内容与其他文献记载对不上号。王莽那个时代的人都以为《周礼》是周公写的，是正经的周朝制度。可后来的历史学家发现，《周礼》这本书的成书年代很有争议，周代真实的制度可能并非如此。

再说了，就算《周礼》里写的是周代真正的制度，王莽也不能照抄。这个问题在孔子那个时代就已经有定论了。因为生产力发展了，人口变多了，周代的制度已经不适合孔子的时代了，凡是想恢复周代制度的国君都会被其他诸侯国灭掉。孔子那个时代都不行，等到王莽这个时代就更不行了。

举个例子，单说《周礼》里的土地制度。汉武帝之后，汉朝最大的问题是大地主占有的土地和人口太多。如果要从根本上解决国家的问题，就应该把大地主占有的人口重新编户入籍，把大地主占有的土地收归国有，重新分配给老百姓。恰好《周礼》主张的就是国家应该掌握所有土地，国家把这些土地统一分给老百姓，禁止百姓之间买卖土地。[1]

那这么一看，《周礼》不是正好给当时的社会开出药方了吗？还说《周礼》再世不是天意！

于是王莽当上皇帝后，很快下令：天下的土地归国家所有，民间不能私人买卖；大地主要把土地分给地少的人家；国家要降低税率，使每户人家都能吃饱穿暖，让天下百姓安居乐业。[2] 孟子梦想的

---

[1] 《周礼·地官司徒》："以其室数制之。不易之地，家百畮。一易之地，家二百畮。再易之地，家三百畮。……乃均土地，以稽其人民，而周知其数。上地家七人，可任也者家三人；中地家六人，可任也者二家五人；下地家五人，可任也者家二人。……辨其野之土，上地、中地、下地，以颁田里。上地夫一廛，田百亩，莱五十亩，余夫亦如之；中地夫一廛，田百亩，莱百亩，余夫亦如之；下地夫一廛，田百亩，莱二百亩，余夫亦如之。"

[2] 《汉书·食货志》："今更名天下田曰'王田'，奴婢曰'私属'，皆不得卖买。其男口不满八而田过一井者，分余田与九族乡党。"

仁政一步实现，岂不美哉！

这个方案很不错，那具体怎么执行呢？

王莽不知道。《周礼》里没说这件事怎么执行，王莽也就没有答案可以抄。所以王莽就简单地下令说，谁违反这道命令就处死，然后就让下面的官吏去执行了。

光给官员特权，不给配套的制度，这么做的教训在汉武帝的时候已经领教过了。当年汉武帝给了酷吏特权去整治大地主，这么做的结果仅仅是让酷吏有了牟取私利的机会。王莽光说，地主要分配土地给百姓，不听他话的就得死！这样做的结果只能是让下面的官吏仗着这道命令为非作歹——得罪我的人，我就用这道圣旨让你家破人亡；哪个大地主给我金银财宝，我就在文件上登记成他家没有地。在皇帝看到的文件里，我"忠实"地执行了圣旨，灭掉了好多大地主，皇帝还得夸我干得不错呢！[1]

而且就算官吏真的想好好执行命令，这活儿也没法儿干。王莽规定天下百姓应该分到的土地数据是从《周礼》上抄下来的，完全不考虑现实情况。当时有些地区人口已经非常稠密了，人多地少，土地根本不够分。[2] 王莽的土地政策只是漂亮的空口号，只执行了三年就被迫取消了。[3]

但是地主们可气坏了。他们听到王莽的命令又怕又气。在这个时代，天下地主加在一起的实力已经非常强大了。地主平时不敢造反是怕落单啊，现在王莽犯了众怒，大家联合起来可就不怕王

1　《汉书·食货志》："犯令，法至死。制度又不定，吏缘为奸，天下嚣嚣然，陷刑者众。"
2　傅筑夫：《中国封建社会经济史：第二卷》，人民出版社，1982，第168—169页。
3　《汉书·王莽传》："莽知民怨，乃下书曰：'诸名食王田，皆得卖之，勿拘以法。犯私买卖庶人者，且一切勿治。'"

莽了。

秦始皇同时惹怒了六国的百姓，秦朝短短十几年就灭亡了；王莽同时得罪了全国的大地主，新朝也只维持了十几年，就在造反军队的围攻下灭亡了。王莽的头颅被挂在街道上，老百姓争先恐后地朝他扔石头泄愤。[1] 当年那个众望所归的活圣人，如今成了千夫所指的民贼。

学习确实可以改变个人的命运，但是不能改变历史的规律。王莽是个刻苦读书的好学生，但是书里没有写怎么能阻止官员和地主变得越来越有钱。王莽的救国方案失败了。王莽死后，接下来是东汉。东汉王朝吸取了王莽的教训，不敢用强硬的手段对付大地主，而是安抚、拉拢、哄着大地主。所以东汉的地主更是肆无忌惮地壮大，他们兼并土地，隐没人口，把国家资源不断地捞到自己的口袋里，最后导致了东汉的灭亡。

普通百姓生活在那样的时代，会是什么样的感觉呢？

---

1 《汉书·王莽传》："传莽首诣更始，县宛市，百姓共提击之，或切食其舌。"

假如你是东汉末年的老百姓

屯田制

这一次，我们来扮演东汉末年的普通老百姓。我们不招谁不惹谁，一辈子老老实实种田，只盼着每年都能风调雨顺，靠种地养活一家人。

不过我们生活的地方自然条件不太好。在汉代，这个地方叫作青州，在今山东北部，当时经常闹旱灾。[1] 往年遇到灾害，朝廷一般都会发粮赈灾，老百姓不至于活不下去。可是最近几年的情况不一样了。

因为大地主把财富都捞到了自己手里，朝廷的钱越来越少。等到东汉末年，朝廷已经入不敷出了。这时青州又出现了大饥荒，朝廷没有能力再给老百姓发粮食，我们扮演的青州农民全家都要挨

---

1 《后汉书·王望传》："王望……迁青州刺史，甚有威名，是时，州郡灾旱，百姓穷荒，望行部，道见饥者，裸行草食，五百余人。"《后汉书·左雄传》："今青州饥虚，盗贼未息，民有乏绝，上求禀贷。"《后汉书·皇甫规传》："故江湖之人，群为盗贼，青、徐荒饥，橿负流散。"《后汉书·陈蕃传》："又青、徐炎旱，五谷损伤，民物流迁，茹菽不足。"

饿了。

如果你是古代老实巴交的农民，全家的粮食已经吃完了，你会做什么呢？第一个选择肯定不是造反。因为我们的目标是活下去，造反是要杀头的啊。只要还有一点儿活路，我们就不会造反。

还有什么活路呢？有一条，我们可以去找本地的大地主。

汉代朝廷把管理基层百姓的任务交给了大地主。地主除了要帮助朝廷向老百姓收税，还有责任向老百姓提供福利。如果本地谁家收成特别不好，地主可以借给他们家一点儿粮食，帮助他们渡过难关。大多数地主也愿意这么干，因为地主祖祖辈辈都生活在这个村子里，愿意跟村子里的人搞好关系。再说把老百姓都饿死了，对地主也没有好处嘛。所以在平时饥荒没那么严重的时候，我们扮演的这个农民如果全家挨饿了，可以去找地主借粮食。

可是这次情况特殊，这次闹的饥荒非常严重，整个青州都遭灾了。这个时候地主就动脑筋了，他想：灾民这么多，我不可能谁来了都给粮食，我给不起啊，我自己还得留着粮食呢。那么这个时候，地主的最佳策略是什么呢？

地主的最佳策略是去找那些跟他关系最好的一小部分老百姓，尤其是身强力壮的年轻人。地主对他们说："只要你们当我的家丁，我保证你们饿不死。"地主用自己的存粮养着这一小部分人，让他们干活儿，以及保护地主家的财产。这些人就相当于地主的私人军队。

至于其他的老百姓，地主就管不过来了。之后要是再有灾民上门就轰出去。如果灾民实在太多，地主还会在自己家盖一圈围墙，让家里的兵丁拿着弓箭站到瞭望台上，用武器驱赶灾民。这样地主才最有可能活下来。

于是，我们这次扮演的农民遇到一个很大的困境：我们全家挨了饿，去地主家借粮食，发现地主家关门了，不给粮食了。

而且还出现了另一件可怕的事。我们刚才听说，现在朝廷已经破产，不管老百姓了，地主家也关门不管老百姓了，那就意味着没有人维持治安了。于是我们发现身边的强盗和山贼变多了，动不动就有一群人冲进村子里杀人抢粮，那我们该怎么办呢？

这个时候，全国有很多像我们一样没人保护的老百姓。于是就有一些特别有能耐的老百姓站出来对大家说："要想活下去，咱们就得自己保护自己啊！"这些人把老百姓组织起来，变成一个自己保护自己的小团体。这样的小团体越来越多，互相联合在一起，就出现了一些特别庞大的组织。在当时影响力最大的一个组织叫作"太平道"，它的创始人还组建了"黄巾军"。

过了一段时间，我们发现身边好多人都加入了黄巾军。只要加入这个组织就不会被人欺负，盗贼也不敢惹我们。

如果我们是遭了灾的农民，我们会怎么选择呢？我们没有选择，要让全家活下去的唯一办法，就是加入黄巾军。

可是加入黄巾军还是不能解决吃饭的问题啊。黄巾军也是穷苦百姓，大家还是没有饭吃啊，这怎么办呢？

这个时候，黄巾军的首领对我们说："咱们身边其实有粮食。粮食就在地主家的围墙里，在朝廷的仓库里。咱们这么多人，咱们去抢啊！"

于是我们加入的这支黄巾军就造反了。[1]我们过去虽然一直老实巴交，这时被裹挟在造反军中，也不得不跟着造反了。于是我们

---

1 《后汉书·孝灵帝纪》："冬十月，……青、徐黄巾复起，寇郡县。"

从普通的农民变成了黄巾军里的士兵。而且我们是带着全家一起造反。这支军队去哪儿，全家也就跟着去哪儿。

但是打着打着，出现了一个问题。

黄巾军的大部分士兵都是普通老百姓，战斗力太差了。有一次我们遇到了一个叫作曹操的将军。这个曹操特别会打仗，刚一对阵，我们的队伍就被打散了，大家到处乱跑。可是到处都是追兵，我们又拖家带口，跑着跑着实在是跑不动了，眼看着追兵围上来，没有办法，为了活命我们只能投降。[1]

于是我们发现，我们扮演的这个农民和他的家人，现在又变成俘虏了。全家人被关在曹操的营地里，不许外出，周围都是拿着武器的凶巴巴的士兵。

好可怕啊！我们现在已经是刀俎上的鱼肉，只要曹操一声令下，立刻就会丢了性命。而且丢性命的可能性非常大，因为这个时候好多地方都闹饥荒，很多军队都吃不上饭。我们这支被俘虏的黄巾军拖家带口，总人数有上百万。[2] 这么多人一下子变成俘虏，粮食问题怎么解决？最简单的办法就是把俘虏都杀掉。

这时候，我们扮演的青州农民也许会回想自己的一生，觉得很委屈："我从小就是一个老实巴交的人，一辈子就想好好种地，养活家人。我人生中干的每一件事都是为了活命迫不得已做出的选择，为什么现在就要被杀了呢？这是招谁惹谁了呢？"

就在这个时候，营地外面一阵骚动。走进来一个军官，身边带着好多全副武装的士兵。我们心里一凉：完啦，只要这军官一说"杀"字，全家人的性命就完啦。

---

1 《三国志·魏书·武帝纪》："追黄巾至济北。乞降。"
2 《三国志·魏书·武帝纪》："冬，受降卒三十余万，男女百余万口。"

结果这个军官说:"你们这些俘虏现在全都编入军队,但是你们不用打仗,你们的任务是种地。曹将军给你们找到了一块没开垦的地,只要能种出粮食来,你们就能活。"

如果我们是这个青州的农民,我们会怎么选择?

还有什么可选的,这是天上掉下来的馅饼啊!不仅不会被杀,还能种地,还有饭吃,这不是求神拜佛都求不来的好事吗?我一定努力种田,让我多交税我也愿意啊!

于是,我们扮演的农民找到了活路,曹操也得到了我们生产出来的粮食。

这个故事说的是:到了王朝末期,在朝廷破产之后,谁能掌握这个国家的财富。

简单地说,有两部分人。

一部分是有实力的大地主。他们有粮食,有劳动力,有能力保护自己的财产。因此在汉朝末年,国家的一大部分财富掌握在大地主的手里。

但是还有很多老百姓没人保护。这些老百姓想过安生日子,但是过不下去。这时候,另一部分有能力把他们组织起来,让他们安心种地的人,就能掌握他们生产出来的财富。

在东汉末年,有很多人试图组织老百姓重新生产,黄巾军就这么干过。但是在古代,管理老百姓是一件很麻烦的事。成千上万的老百姓因为饥荒而离开家乡,想要把他们在另一个地方重新组织成一个稳定的社会,更是难上加难。

但是曹操做到了。他利用管理军队的方式来管理百姓。在军队里,老百姓没有自由,必须服从军队的领导,让你干活儿你就得干活儿,具有很大的强制性。[1]这样曹操就解决了管理百姓的难题。再加上当时因为战乱,有很多土地荒芜了,曹操又抓住了上百万的黄巾军俘虏,于是曹操就让这些黄巾军俘虏开垦荒地。[2]这就是曹操使用的"屯田制"。用这个方法,曹操在短时间内拥有了大量财富,这是曹操能在东汉末年崛起的原因之一。

不过屯田制只能在短时间内有效。天下最有势力的还是大地主。等天下不那么乱的时候,屯田制下的土地和劳动力就慢慢被大地主们瓜分掉了。[3]这些大地主又是怎么左右这个国家的呢?

---

1 韩国磐:《曹魏的屯田:中国田制史述略稿之一》,《中国经济史研究》1982年第1期。
2 《三国志·魏书·任峻传》中,裴松之引《魏武故事》:"破黄巾,定许,得贼资业。当兴立屯田,时议者皆言当计牛输谷,佃科以定。"
3 《三国志·魏书·曹爽传》:"晏等专政,共分割洛阳、野王典农部桑田数百顷,及坏汤沐地以为产业,承势窃取官物,因缘求欲州郡。"《晋书·裴秀传》:"司隶校尉李憙复上言,骑都尉刘尚为尚书令裴秀占官稻田,求禁止秀。"

假如你和全校同学都被传送到孤岛上

士族门阀

和全校同学一起穿越是一种什么感觉?

假设你是一名中学生,这天正坐在教室里上课。教室里窗明几净,一切都和往常一样。突然,你一阵眩晕,等回过神来,你发现自己正坐在一片沙滩上。刚才一起上课的同学都在你的身边,大家都搞不清楚发生了什么事。再往远处看,你发现全校的上千名同学都在这片沙滩上,但是没有老师。同学们和你一样茫然。

发生什么情况了?全校同学集体穿越了?这时你会做什么呢?好在熟悉的同学都在身边,还是先去找学校里的朋友吧。一则可以商量商量怎么办,二则在这么一个陌生的地方,和熟人在一起也有安全感嘛。

大多数同学都是这么想的。于是沙滩上的同学很快聚成一堆一堆的。如果我们有一架无人机,从空中俯瞰沙滩,会看到全校学生大致按照原先的班级聚在一起。虽然这里不是学校,现在也不是在上课,但是同学们的组织方式还是和在学校里的差不多。

这是历史上经常出现的现象：当社会遇到巨大动乱的时候，刚开始人们会大致保持原先的社会结构不变。因为历史有巨大的惯性。

但是这种情况不会持续太久。

假设你和同学们在海滩上待了一整天，大家觉得不能再这么等下去了，必须有人出面搞清楚状况。于是有一个年龄大、爱张罗的同学站出来对大家说："我们分成几组，一组同学放哨，最强壮的同学跟我去附近探险，其他同学休息。"如果他的任务分配得很合理，大家觉得有这么一个有能力的人当领导心里很踏实，那么同学们可能会服从他的安排，重新组织起来。

换句话说，随着大家开始逐渐适应新环境，同学之间的关系会发生变化。那些生存能力强、意志坚定、有领导能力的同学会逐渐成为新的领导者。如果我们在沙滩上待的时间足够长——比如大家发现这里是一座孤岛，我们只能在岛上长期生活下去——那原先学校里的社会关系会慢慢被打破，有生存能力和领导能力的同学会成为岛上真正的领导者。

这座孤岛上展示的，就是一个社会在遇到冲击时会发生的情况。东汉末年就适用这条规律。

汉朝一直没能解决"大地主越来越强"的问题，东汉大地主的势力越来越强，后来大地主不光垄断土地和劳动力，还垄断了国家的权力。

当时造纸术还没有普及，书籍非常稀少、昂贵，只有有钱有势的家族才能让自己的孩子念书。读书的人太少，汉代也就没法儿形成科举制度，只能让有名望的人推荐人才当官。虽然名义上推荐人才的标准是"德才兼备",但实际上,大多数人都会推荐自己的亲朋好友。这样一来,权力渐渐集中在少数大家族的手里。在这些家族的亲戚、朋友和学生里,有大量的人当官。他们还占有大量的土地和人口,只要把土地上的人口武装起来,就拥有了私人武装。[1]

大家族占有的土地和人口越多,朝廷的收入就越少。等到东汉末年的时候,朝廷的力量已经很弱了。接着爆发了席卷天下的"黄巾起义",朝廷没有能力扑灭起义,只能委任各地的大地主、大家族自己动手镇压。等到这些人镇压成功后,他们有了更多的土地和军队,成了称霸一方的军阀。他们就是三国故事里经常提到的曹操、袁绍等人。

这个时候,天下进入乱世,皇帝的命令已经无效了。但历史有巨大的惯性,曾经有权有势的人依旧保持着权势。比如三国前期的大军阀袁绍,他原本就位高权重,好多大家族都跟他们家有盘根错节的关系,于是他就成了早期实力最强的军阀之一。这段时间,就相当于在孤岛上"全校学生大致按照原先的班级聚在一起"的时期。

但是当东汉末年的群雄逐渐适应了乱世后,能力出众的人就会成为新的统治者。袁绍在官渡之战中被出身一般但是能力很强的曹操打败,这象征着东汉末年的乱世进入一个新的阶段:谁有领导能力,能组织好全国各地的大家族和大小地主,带领大家在乱世里生存下去,谁就能成为乱世的统治者。

典型的例子是刘备。

刘备的出身不高。他虽然名义上是皇帝家的亲戚,但是因为年

---

[1] 田余庆:《曹袁之争与世家大族》,载《秦汉魏晋史探微(重订本)》,中华书局,2004,第145页。

代太久，皇帝家的亲戚太多，像刘备这种超级远的皇家亲戚已经没有多少势力了。刘备的爷爷当过县官，父亲也做过小官。[1]因此刘备在本县还是有影响力的。但是刘备的父亲去世得早，导致刘备和他母亲很贫穷，要靠卖草鞋和席子谋生。[2]刘备还有个挺有钱的叔叔，也经常接济刘备。[3]刘备善于结交朋友，有点儿类似当年的刘邦那样在本地混来混去。因为在本地小有声望，刘备得到了商人的资助，有了一点儿起兵的本钱。[4]

当然，这点儿钱在东汉末年的群雄面前微不足道。要想在天下逐鹿，刘备还得想办法壮大自己。问题是刘备的军政能力很一般，当时的人给他的评价是"每战则败"。[5]就这么一个家伙，怎么就在战乱中成为一方霸主了呢？

刘备靠的，就是他交朋友的能力。刘备特别擅长赢得别人的信任，这在乱世里特别重要。这就好比在荒岛上，在大伙儿都人心惶惶的时候，有一个一看就很可靠、就让人心安的人，自然会有一群同学聚集在他的身边。

刘备早期的创业生活颠沛流离，他一会儿依附这个军阀，一会儿又跑去依附另一个军阀，在中华大地上到处奔走。不过这也给刘备带来了到处结交豪杰的机会。他每投奔一个军阀，都会借机结交有权有势的大地主、大家族。

---

1 《三国志·蜀书·先主传》："先主祖雄，父弘，世仕州郡。雄举孝廉，官至东郡范令。"
2 《三国志·蜀书·先主传》："先主少孤，与母贩履织席为业。"
3 《三国志·蜀书·先主传》："德然父元起常资给先主，与德然等。"
4 《三国志·蜀书·先主传》："好交结豪侠，年少争附之。中山大商张世平、苏双等赀累千金，贩马周旋于涿郡，见而异之，乃多与之金财。"
5 《三国志·蜀书·先主传》中，裴松之注引《傅子》："丞相掾赵戬曰：'刘备其不济乎？拙于用兵，每战则败，奔亡不暇，何以图人？'"

典型的例子是刘备投奔刘表。

当时刘表任荆州牧，刘备带着一小支队伍来投奔他。刘表见到刘备表面还算客气，但是心里特别忌惮。[1]因为刘备之前的"黑历史"太多了：刘备已经有好几次投奔别人后又背叛对方的历史。比如刘备投靠曹操后，曹操对刘备特别好，给刘备很高的官做。结果刘备出走，自己占领了一座城池，还杀了曹操的一位将军。[2]用田余庆先生的话说，刘备这人是"朝秦暮楚，反复无常"。[3]现在刘备来找刘表，你说刘表能怎么想呢？他当然会在心里嘀咕："您坑完别人又来坑我啦？"刘表不敢把刘备放在身边。正好当时曹操要打过来，刘表就让刘备挡在抵御曹操的第一线，心说："反正刘备跟曹操有仇，不如让他俩打去吧，别再来算计我了。"

结果刘备还是不老实。在荆州这些年，刘备没有好好辅佐刘表，而是忙着找当地的大家族交朋友。其中交到的最重要的朋友就是诸葛亮。站在刘表的立场看，这个诸葛亮也不是"好人"。因为诸葛亮还是刘表的亲戚呢，结果他一见到刘备，就把刘表出卖了。诸葛亮给刘备出了个狡猾的主意：他让刘备主动提出帮刘表清理人口。但其实是他要借着清理人口的工作，把多余的人口收编到刘备自己的队伍里。[4]

---

[1] 《三国志·魏书·刘表传》："刘备奔表，表厚待之，然不能用。"《三国志·蜀书·先主传》："荆州豪杰归先主者日益多，表疑其心，阴御之。"

[2] 《三国志·蜀书·先主传》："先主败走归曹公。曹公厚遇之，以为豫州牧。……表先主为左将军，礼之愈重，出则同舆，坐则同席。……先主据下邳。灵等还，先主乃杀徐州刺史车胄。"

[3] 田余庆：《〈隆中对〉再认识》，载《秦汉魏晋史探微（重订本）》，中华书局，2004，第166页。

[4] 《三国志·蜀书·诸葛亮传》中，裴松之引《魏略》："亮曰：'今荆州非少人也，而著籍者寡，平居发调，则人心不悦；可语镇南，令国中凡有游户，皆使自实，因录以益众可也。'备从其计，故众遂强。"

更重要的是，诸葛亮为刘备介绍了很多荆州的大家族。刘备充分发挥了他的社交天赋，赢得了当地精英的信任。后来荆州政治形势动荡，刘备被迫离开荆州，有很多荆州的大家族都愿意跟着刘备一起撤退。[1]这些大家族的认同就是刘备政权的根基。后来刘备夺取荆州的时候比较容易，也是因为荆州本地的根基早已经被他抓到手里了。

曹操也是类似的情况。曹操的出身也一般，他能发家是靠其父亲结交了当朝显贵。曹操的父亲不惜改姓，给宦官当了干儿子。后来天下大乱，曹操家在朝廷里的这点关系也没什么用了，曹操自己跑回家乡，利用家族的财富召集兵马，这才开始自己的事业。所以曹操刚开始起兵的时候，只算是个小地主、小豪强。

曹操扩大势力的办法有两个，一个是靠战争，另一个是靠联合各地的大地主和大家族。曹操手下那些有名的人才里，比如李典、许褚，都是豪强地主，带着他们家族的财富和人口一起投奔的曹操。[2]另外一些人才如荀彧和司马懿，他们都是在上层社会里有影响力的大家族成员，家族里很多人都当过大官，他们也被曹操笼络进了自己的阵营。

从"联合大地主、大家族"的角度讲，曹操和刘备的做法是一样的。而曹操更善于打仗，扩张速度更快，因此他比刘备有更多的优势，最后是曹魏政权取得了绝对优势。到了三国后期，天下被曹

---

1 《三国志·蜀书·先主传》："琮左右及荆州人多归先主。"《资治通鉴·汉纪五十九》："备之自新野奔江南也，荆楚群士从之如云。"
2 《三国志·魏书·李典传》："典从父乾，有雄气，合宾客数千家在乘氏。初平中，以众随太祖。"《三国志·魏书·许褚传》："许褚字仲康，……汉末，聚少年及宗族数千家，共坚壁以御寇。……太祖徇淮、汝，褚以众归太祖。"

魏统一已经是大势所趋。

但这并不意味着天下就是曹操家族的。因为曹魏政权建立在"笼络大地主和大家族"的基础上,这个基础太不稳定了。曹操能笼络大家族,不代表他的儿子、孙子们也能笼络。这就好比我们被传送到那座孤岛上。想象一下,假如大家公认的领导者突然离开了这座岛,那岛上会出现什么情况?很可能会陷入混乱吧?

曹操去世就相当于这种情况。

曹操希望自己的后代仍然大权在握,曹氏家族能千秋万代地统治下去。[1]于是曹操在去世前把权力交给了自己的儿子曹丕,曹丕后来登基称帝。再后来曹丕去世,把皇位传给了自己的儿子,也就是魏明帝曹叡。

别看曹操之后已经有两位皇帝了,其实这两位皇帝的寿命都不长。等魏明帝临终的时候,距离曹操去世还不到二十年。即将继位的新皇帝岁数太小,只有七岁,国家大事必须暂时交给别人处理。

那交给谁呢?或者更准确地说,应该委托给哪个大家族呢?当然首先考虑的是曹家自己人。于是魏明帝定下的第一个托孤大臣是曹爽。因为曹爽是魏明帝的"发小儿",两个人从小一起长大,魏明帝很信任他,而且曹爽家族的实力也不弱。

但是,魏明帝把权力都交给曹爽也不行。他有两个顾虑:

第一,万一曹爽有坏心,最后造反了怎么办?还是得防着点儿他。

第二,魏国里还有好多不姓曹的家族,把权力都交给曹爽,别

---

[1]《三国志·魏书·武帝纪》中,裴松之注引《魏氏春秋》:"若天命在吾,吾为周文王矣。"

的家族也不服啊。所以国家权力还得再分给一个外姓人。魏明帝选的是司马懿。

司马懿是大家族出身，而且他特别会打仗，是可以率领大军团打胜仗的帅才。等到三国后期，曹操的那批军事人才大都去世了，整个魏国擅长打仗的只有司马懿了。这个时期魏国还要跟蜀国和吴国打仗，所以魏国朝廷离不开司马懿。[1]司马懿长期跟蜀国打仗，他在军队中的影响力很大。在曹家之外的家族里，司马家是最不能忽视的一个。

所以魏明帝在临死前把权力给了曹爽和司马懿，希望他们两个能同心协力，一起辅佐小皇帝。

可是在权力的游戏里，大多数时候是没有同心协力，只有你死我活的。因为权力是可以杀人的，谁先夺权谁就能杀人，你不杀别人，别人就会杀你。所以当司马懿和曹爽平分权力的时候，两个人之间的关系已经是你死我活了。

结果是曹爽先下手。

司马懿的权力主要在军队里。曹爽就借皇帝的名义给司马懿升了个官。但这个官是个文职，所以司马懿的兵权就被夺走了。在古代的权力斗争里，最重要的不是外地部队的军权，而是保卫首都的禁军的军权。当时统领首都禁军的人是蒋济。几年后，曹爽让自己的弟弟代替蒋济，把禁军的军权也拿到手了。这样一来，重要的军权都在曹爽的手里，他就什么都不怕了。

这时的司马懿一点儿反抗的能力都没有。曹爽只要下一道命令就可以把司马懿杀了。于是司马懿开始装病。曹爽派了一个人去刺

---

[1] 仇鹿鸣：《魏晋之际的政治权力与家族网络》，上海古籍出版社，2012，第78页。

探司马懿的病情，司马懿故意在那个人的面前喝粥，喝的时候让粥顺着嘴角往下流，说话还前言不搭后语。[1]这些症状用现代的医学知识解释，是脑出血之类的脑部疾病。患上这种病，在那个时代没有办法治疗，只能越来越糊涂，直到去世。

曹爽听到司马懿得病的消息高兴坏了。曹爽想杀司马懿但是不敢，因为司马懿是先帝指定的辅政大臣，曹爽夺司马懿军权的时候，司马懿也没说什么，是彻底服软的。那在其他人看来，司马懿完全是无辜的，他是在顾全大局牺牲自己。如果这种情况下曹爽还要杀了司马懿，那这事儿做得也太绝了啊。其他大家族心里会怎么想呢？曹爽你做事这么绝，下次会不会对我们也这样？

因此曹爽想杀司马懿又不敢杀，现在司马懿自己生病糊涂了，这不是天助曹家吗？！曹爽心里可美了，于是就没有杀司马懿。

接下来，曹爽犯了另一个错误。

曹爽想要让曹家江山永固，以后无论谁当皇帝，这个天下都是曹家的。要做到这一点，就要削弱其他大家族的实力，把大家族掌握的财产和权力都抓到皇帝的手里。这个想法本身没有错，"大家族过强"本来就是当时最大的社会问题，问题是曹爽这么干大家族会不高兴啊。

在那些大家族看来，魏明帝本来留下一个双雄制衡的局面，结果曹爽飞扬跋扈，欺负司马懿在先，现在又开始向其他大家族下

---

1 《三国志·魏书·曹爽传》中，裴松之注引《魏末传》："爽等令胜辞宣王，并伺察焉。宣王见胜，胜自陈无他功劳，横蒙特恩，当为本州，诣阁拜辞，不悟加恩，得蒙引见。宣王令两婢侍边，持衣，衣落；复上指口，言渴求饮，婢进粥，宣王持杯饮粥，粥皆流出沾胸。……宣王徐更宽言，才余气息相属，说：'年老沈疾，死在旦夕。君当屈并州，并州近胡，好善为之，恐不复相见，如何！'胜曰：'当还忝本州，非并州也。'宣王乃复阳为昏谬，曰：'君方到并州，努力自爱！'错乱其辞，状如荒语。"

手，把本属于大家的利益夺走。这曹爽为国家立过战功吗？有过成绩吗？不就是小人得志、欺人太甚吗？

于是一些原本保持中立的大家族开始站在司马懿这边了。其中最关键的一个人物是蒋济。蒋济是禁军的老领导。虽然现在统领禁军的是曹爽的弟弟，但是曹爽的弟弟在禁军里刚掌权一年，禁军中的官兵都是蒋济的老部下，蒋济仍有很大的影响力。[1]司马懿看到蒋济开始支持自己，就知道翻盘的机会来了。

司马懿已经没有兵权了，他的儿子在禁军中当一个小军官，能控制的军人数量有限。于是司马懿偷偷培养了三千人的私人武装。这些人加在一起还是打不过首都的禁军。直到有一天，机会来了。

这天曹爽带着弟弟和皇帝一起去城外祭祀。这样一来，皇帝、曹爽和禁军的指挥官都不在首都了。而且当时的制度是，除值班的禁军外，大部分禁军不允许携带武器。[2]

于是司马懿不再装病，带着自己的私人武装占领了禁军的武器库。手无寸铁的禁军正不知所措的时候，老领导蒋济宣布支持司马懿。于是禁军听从了司马懿的指挥，这下整个首都都归司马懿了。[3]

城外的曹爽听到消息后彻底蒙了。

在曹爽的印象里，司马懿已经是个死人，天下早已经是他曹爽的了。所以他是怀着去郊游的心情，带着皇帝和弟弟优哉游哉地在外面溜达。正放松呢，突然听说首都发生叛乱，那个快死了的司马懿竟然活蹦乱跳地控制了全城，城里还有好多大家族公开支持司马懿。曹爽一下就蒙了。司马懿久经战阵，心理素质很强。曹爽正好

---

[1] 仇鹿鸣：《魏晋之际的政治权力与家族网络》，上海古籍出版社，2012，第98页。

[2] 仇鹿鸣：《魏晋之际的政治权力与家族网络》，上海古籍出版社，2012，第100页。

[3] 仇鹿鸣：《魏晋之际的政治权力与家族网络》，上海古籍出版社，2012，第99页。

相反，他从小生活在权贵家庭里，一辈子没受过什么挫折。现在遇到这么大的变故根本接受不了。他既不进攻也不撤退，就让皇帝和护卫部队在城外原地驻扎下来了。[1]

但是城里还是有支持曹爽的人，其中一个人是大司农桓范，大司农相当于今天的财政部部长。这个人趁乱从城里跑出来，找到曹爽的队伍，劝说曹爽立刻带着皇帝去许昌。因为许昌是曹家的老巢，全是曹家的人。曹爽现在手里还有皇帝，所以曹爽发出的命令就是皇帝的命令。同时曹爽名义上还有权指挥天下军队，这样曹爽就能合法地调集全国的军队。他们还有财政部部长，可以支配天下的钱粮。这样一来，从曹爽手里发出的命令都是合法的，谁支持司马懿谁就是叛逆。[2]当时魏国西部前线的军队多是司马懿的旧部，但是魏国东部的军队大都支持曹家。所以这么做至少可以发动半个魏国的军队和司马懿对阵，曹爽还是有机会赢的。

但是曹爽不敢。他从小顺利惯了，本来当着万人之上的权臣优哉游哉，突然让他去打仗冒险，这心理冲击他承受不了。司马懿早就洞悉了其中的关键，他派人出城给曹爽带话，说司马懿指着眼前的洛水发誓，只要曹爽投降，除了免官不会有别的惩罚。[3]洛水是一条河，当时人们认为河中有神仙。曹植名篇《洛神赋》中的"洛神"指的就是洛水中的女神。古人迷信，以为天地之间真的有鬼

---

1 《三国志·魏书·曹爽传》："爽得宣王奏事，不通，迫窘不知所为。"裴松之引《干宝晋纪》："爽留车驾宿伊水南，伐木为鹿角，发屯甲兵数千人以为卫。"

2 《三国志·魏书·曹爽传》："大司农沛国桓范闻兵起，不应太后召，矫诏开平昌门，拔取剑戟，略将门候，南奔爽。……范说爽使车驾幸许昌，招外兵。爽兄弟犹豫未决，范重谓羲曰：'当今日，卿门户求贫贱复可得乎？且匹夫持质一人，尚欲望活。今卿与天子相随，令于天下，谁敢不应者？'"《晋书·宣帝纪》："桓范果劝爽奉天子幸许昌，移檄征天下兵。"

3 《三国志·魏书·曹爽传》中，裴松之注引《世语》："宣王使许允、陈泰解语爽，蒋济亦与书达宣王之旨，又使爽所信殿中校尉尹大目谓爽，唯免官而已，以洛水为誓。"

神。所以司马懿指着洛水发誓，这是非常重的誓言。如果曹爽够老练，这时候反而会警觉：司马懿为什么会发这么重的誓？这恰恰暴露了司马懿的胆怯，他真怕曹爽带着皇帝跑了。

可是曹爽正焦虑呢，司马懿的誓言正好击中了他心里最脆弱的地方——他怕的就是一死，现在司马懿发誓他可以不死，那赶紧答应啊！万一答应晚了人家反悔了怎么办！曹爽的心理防线被精准击溃，于是他带着皇帝回到首都，投降了。[1]

不久，司马懿下令将曹爽和桓范夷三族。对其他大家族，司马懿采用笼络的政策稳固了统治。从此以后，曹家的实力越来越弱。最后，司马家取代了曹家，当了新的皇帝，建立了西晋王朝。后来，西晋王朝统一中国，结束了三国时代。

前面我们了解过两条历史规律。

一条规律是：从东汉以来，大家族越来越强，皇帝越来越弱，国家的力量越来越分散，很容易发生内乱。

另一条规律是汉武帝时期总结的：在古代，游牧民族和农耕民族在实力相近的时候会保持平衡。如果一方实力变弱，另一方就会采取攻势。农耕民族一般是要求对方称臣，游牧民族一般是军事进攻。

这两条规律结合在一起，决定了西晋王朝的结局。西晋王朝为了解决大家族实力太强大的问题，扶植了很多跟自己一个姓的亲戚，觉得一家人总比外姓人可靠吧，结果这些亲戚又互相打了起来，爆发了"八王之乱"。内乱后国家虚弱，北方的游牧民族南下

---

[1]《三国志·魏书·曹爽传》："爽于是遣允、泰诣宣王，归罪请死，乃通宣王奏事。"裴松之引《世语》："爽信之，罢兵。"

进攻，占领了北方，西晋灭亡了。

在这场控制天下的游戏里，没有一家能够获胜。因为天下的权力一直分散在各个大地主、大家族的手里，随时都有爆发内战的可能。这个模式下所有的政权都是不稳定的。最终，中国陷入了长久的动乱之中。那么，这段历史的出口在哪里呢？

假如你是西晋末年的贵族

门阀贵族

这一次，我们穿越到西晋末年。西晋王朝面临北方游牧民族大举进攻之际，很多大家族最先考虑的却是怎么保存自己。他们带着财产和人口一路向南跑，到了南方重新建立了一个晋朝。因为这个晋朝的首都在今天的南京，位置比西晋的首都更靠东边，所以叫作"东晋"。

从这个时候开始，中国分成了南北两个部分。南方是以原来的大家族为主的政权，一开始叫"东晋"，东晋灭亡后，依次建立的宋、齐、梁、陈合称"南朝"；北方是许多游牧民族建立的政权，前面叫"十六国"，后面建立的北魏、东魏、西魏、北齐、北周合称"北朝"。这段时期可以统称为"东晋南北朝"，特点是政权特别多，局势特别乱。南方和北方采用不同的制度，都想通过军事手段消灭对方。理顺这段历史最容易的方法，是把它分成南北两部分分别来看。

假如我们就是生活在西晋末年的贵族，那会是一种什么样的体验呢？

在童年，我们过着极为优越的生活。家里良田千顷，有豪华庄园。我们会受到良好的教育，熟读各种经典。家族中的长辈、兄弟，好多人都在朝廷里当官。不出意外，将来我们也会拥有一官半职。不过我们才不会满足于混日子呢。我们的梦想是好好读书，成为孔子那样的"圣人"。如果做不了孔子，成为管仲或者诸葛亮那样的名臣也可以。总之，我们要努力当上大官，干一番定国安邦的事业，让所有人刮目相看。

就在这时，天地变色，北方游牧民族席卷而来。渐渐地，家里人的表情都不太好看了。仆役在角落里嘀嘀咕咕，家族长辈彻夜长谈。坏消息一个接一个地传来，往家里送菜的人说，现在满街都是从前线逃来的难民，据说敌人铁蹄所到之处如同地狱。长辈们实在坐不住了，下令全家收拾行李，乘坐的车辇组成了庞大的车队，带着领地上的百姓一起南逃。一路上，习惯了锦衣玉食的我们苦不堪言，一面痛惜抛在身后的荣华富贵，一面又想起曾经定国安邦的梦想。对啊，如果我的偶像诸葛丞相在，他一定会挺身而出，力挽狂澜。想想自己读过的那些大道理，这时候我应该站出来为国分忧啊！可是转身一看落难的父兄，连他们都无能为力，我又瞎添什么乱呢？到嘴边的话最终又咽了下去。

我们现在感受到的，就是西晋末年大多数贵族的心态。一方面，他们最关心的是自己家族的兴衰，觉得自保才是上策。另一方面，儒家思想让他们觉得自己身担重责，有抵抗外敌的责任。

在这两种心态的撕裂下，一小部分贵族投身到战争的第一线，最终身死族灭。大多数贵族带着痛苦和不甘举家南逃。跑到南方后,他们一面拼命抢占土地,为自己的家族积累私产;一面又时刻盼着能恢复国土,重回家园。

当时最有影响力的一个家族是琅邪(Lángyá)王氏,在晋朝的影响力非常大。西晋灭亡后,王氏家族中的王导辅佐晋朝皇族登上皇位,建立了东晋。当时的人甚至传说"王与马,共天下",意思是琅邪王氏和司马家共同执掌天下。王导这么有势力,他在南方自然有无数良田豪宅,过着饮酒作乐的富贵生活。有一天,王导和一群来自北方的贵族喝酒。一群人看着眼前的景色,想起沦丧的国土,不禁流下了眼泪。只有王导勃然变色,厉声道:"各位应该齐心协力恢复王室,光复神州,哭有什么用!"[1]

我们没法儿知道王导说这句话的时候是故作姿态还是发自真心。但是平定北方、恢复国土确实是当时贵族们的普遍愿望。

很快,机会来了。

北方游牧民族还没有长期统治农耕地区的经验,他们不知道怎么管理郡县,怎么统计户口,怎么维持一个农业帝国。因此东晋时期,游牧民族在北方的统治非常脆弱。不久,一个北方的游牧民族的首领去世,内部发生战乱。这不正是打回去的好机会吗?

当时在东晋,最有实力出兵北伐的将军叫作桓温。桓温一听说北方内战,立刻向朝廷提出他要北伐。结果朝廷不批准。

为什么不批准呢?因为这是大家族掌权的时代。我们说桓温"实力强",意思是他拥有的土地最多,私人的军队最多。就在前

---

[1] 《世说新语·言语》:"过江诸人,每至美日,辄相邀新亭,藉卉饮宴。周侯中坐而叹曰:'风景不殊,正自有山河之异!'皆相视流泪。唯王丞相愀然变色曰:'当共戮力王室,克复神州,何至作楚囚相对!'"

不久，桓温率领大军打败了四川地区的割据政权，得到了大片土地。这些土地名义上属于东晋，实际上已经被桓温私人控制。这时桓温控制的土地已经占到东晋国土的三分之二。如果再让他继续发展下去，他不就可以造反当皇帝了吗？

实际上，桓温确实想当皇帝。不过他要当皇帝还要克服两个困难。第一个困难是他控制的地区离东晋的首都比较远，他的军队不能直接威胁朝廷。[1]第二个困难是桓温的家族背景一片空白。那个时代特别看重一个人的家族，贵族们都拼命粉饰自己的祖宗，巴不得别人知道自己的祖上是谁。可是桓温很奇怪，他连离自己很近的祖辈是谁都不说。那是个特别讲究祭祖的时代，桓温他们家祭祖的时候却没几个人可以祭，这让当时的人十分看不惯，认为这么干是要受到老天惩罚的。[2]

桓温没有家族背景，当皇帝要被其他大家族笑话，因此他必须赢得巨大的声望来弥补这个缺陷。怎么才能得到声望呢？最好的办法就是率军北伐，收复失地。当年司马懿发动政变后，他的儿子想当皇帝但是苦于声望不够，于是发动了征服蜀国的战争。司马家族靠着这场战争带来的声望，才当上了皇帝。[3]

现在同样手握重兵的桓温要趁着北方内乱出兵，你说朝廷会怎么想？朝中之人都吓坏啦，赶紧摇手说："大哥，这事儿您可别去啊！"但问题是，北伐中原是所有贵族的共同愿望，朝廷不能放着北伐的机会按兵不动。所以朝廷一面拒绝桓温，一面赶紧组织了一

---

[1] 田余庆：《东晋门阀政治》，北京大学出版社，1989，第172页。
[2] 《魏书·桓玄传》："又其庙祭不及于祖，以玄曾祖已上名位不显，故不列序。……慢祖忘亲，时人知其不永。"
[3] 仇鹿鸣：《魏晋之际的政治权力与家族网络》，上海古籍出版社，2012，第134—135页。

支自己的军队向北进攻。可是当时大片的土地都在桓温的控制下,朝廷能调动的资源很少,因此两次北伐都以惨败告终。[1]

到了这个地步,朝廷没有办法了,只能同意桓温北伐。结果桓温第一次北伐遇到挫折,第二次大获全胜,把当年西晋的首都洛阳打了下来。收复故都,这可是大胜利啊。可是桓温的心思没有放在军事上,而是想着怎么挤兑朝廷。所以他打下来洛阳后没有继续进攻,而是想了个损招儿。

洛阳是西晋的首都,西晋先帝的皇陵都在这里。桓温命人把陵墓修缮了一番。[2]他自己回到南方给朝廷上书,请皇帝还都洛阳。

这一招儿实在太狠了。桓温篡位的一大阻碍是他的军队没法儿直接控制朝廷。现在桓温占领了洛阳,朝廷如果搬到洛阳去,不就等于羊入虎口了吗?可是朝廷说不去也不合适,因为那个时代把孝道看成最重要的道德。让祖先的陵墓陷入敌手本来就很不孝,现在人家桓温把首都打下来了,把陵墓修缮好了,请你去你都不去,那你不成了不孝子孙了吗?在儒家的价值观里,皇帝如果不孝就没资格统治天下了。你说这让皇帝怎么办!

再插播一条关于桓温的八卦。之前咱们说司马懿政变的时候,说到了大司农桓范从城里跑出来找曹爽。后来桓范跟曹爽一起被杀,而且是被"夷三族",整个家族都被杀掉。但是据田余庆先生猜测,桓范家族中可能有个晚辈改了名字逃了出来,这个人的后代就是桓温。所以桓温才不说他的祖宗是谁,因为他的祖宗是晋朝的逃犯,没法儿公开。[3]如果这个推测没错的话,那这件事就更八卦

---

1 韩国磐:《魏晋南北朝史纲》,人民出版社,1983,第197页。
2 《晋书·桓温传》:"陵被侵毁者皆缮复之,兼置陵令。"
3 田余庆:《东晋门阀政治》,北京大学出版社,1989,第141—147页。

了：桓温同司马家有灭族之仇，现在桓温挤兑朝廷不仅仅是为了皇位，更是为了给自己的祖先报仇啊。

当然，桓温知道皇帝肯定不会去洛阳的。他只是拿这件事当筹码，不断换取朝廷的各种让步。在桓温的步步紧逼下，朝廷不得不一次次给桓温加官晋爵。后来桓温终于进入首都，控制了朝廷，皇位成了他的囊中之物。而洛阳对桓温来说只是威逼朝廷的工具，后来洛阳等地相继失守，桓温北伐换来的优势又都失去了。而且经过这一连串的折腾，新的北方政权已经崛起，北伐的机会也错过了。

这是东晋时期南方的情况：东晋政权想要收复失地，但是朝廷太弱，国家的力量太分散，因此无力北伐，光内斗就把力量耗光了。与此同时，北方的政权也想要向南进攻。他们能够成功吗？

全局视角

同一时期北方发生了什么

西晋的灭亡

最早给西晋带来沉重打击的是匈奴人刘渊。西晋时，刘渊在西晋担任领兵的将军。后来发生"八王之乱"，刘渊看到西晋的统治太糟糕了，打算自己起兵当皇帝。因为刘渊是匈奴人，有人建议他以匈奴的名义起兵。可是刘渊知道"匈奴"的称号很难赢得中原人的支持。于是他打起了"汉"的旗号。因为当年汉朝与匈奴和亲，匈奴的首领娶了汉朝的公主，所以刘渊认为自己是汉朝的外甥，因此刘渊立国号为"汉"。因为当年魏代汉、晋代魏都有篡位的嫌疑，所以单从国号上看，"汉"要比"晋"更正统。后来刘渊的儿子刘聪灭亡了西晋。

桓温北伐前的北方

在桓温北伐前夕，中国的北方还没有统一，由好几个政权统治。其中最强的统治者叫作石虎，也是匈奴人。他善于打仗，但是十分残暴，在皇室内部进行过十分残忍的大屠杀。等到石虎病重的时候，他的继承人互相开战，打得血流成河。因此听到石虎去世的消息，桓温立刻向朝廷申请北伐，这确实是北伐的好机会。

桓温北伐时的北方

因为东晋朝廷迟迟不批准桓温北伐，所以等到桓温开始北伐的时候，距离石虎去世已经过去了四年多。这时候的北方被好几个政权控制，这些政权互相争斗，同时又有内乱。桓温首先进攻关中地区，想要收复长安，后来因为粮草不足，战败退兵。两年后桓温换了一个进攻方向，选择了相对易攻难守的洛阳，最终攻下了洛阳。

假如你是打算汉化的北魏君主

均田制

我们这一次来看看东晋南北朝这段时期,中国的北方发生了什么。

西晋灭亡后,很多游牧民族来到中国北方。他们是军事上的获胜者,但是在行政上遇到了难题:一群能征善战的游牧部落,该怎么统治农耕地区呢?

直接拿着刀枪跑到农耕地区宣布自己是新的统治者?这么干不行,因为制度有巨大的惯性。

游牧民族使用的是类似部落联盟的制度,每一个小部落都是独立的,拥有自己的财产和军队。等到需要打仗的时候,各个部落的首领聚在一起开会,大家商量好了这仗怎么打,然后再一起作战。这是当时游牧民族习惯的制度。

而农耕民族的习惯是,老百姓服从本地主的管理,给地主干活儿。西晋末年天下大乱,到处都是屠杀和抢劫。那些没有能力跑到南方的地主在自己的土地上建立城墙,把附近的人口收拢在一起。这些人平时种田，遇到敌人来袭就拿起武器抵抗。这样圈起来的一个寨子叫作"堡坞"或者"坞壁"，附近的百姓为了寻求保护也会主动涌入堡坞。这是当时农耕民族习惯的制度。

游牧民族和农耕民族的制度，好像是两辆沉重的巨车，这两辆车的前进方式完全不一样。如果游牧民族强行统治农耕地区，就相当于用一根皮绳把两种制度硬连在一起。看上去两辆车好像是在一起走，但它们的连接非常脆弱，稍微遇到一点儿问题就会断裂。

举一个例子。

就在桓温挤兑东晋朝廷的时候，有一个政权在北方崛起，它的首领叫苻坚。苻坚打败了好几个对手，统一了北方。当时中国的经济重心就在北方。曹魏统一了中国北方后，经济实力非常强大，因此最后是曹魏的后继者西晋统一了中国。现在，苻坚控制的地区和三国时的曹魏差不多，而且南边的东晋内斗不断。这么看来，苻坚统一中国不就指日可待了吗？苻坚也是这么想的，于是他组织了一支超级庞大的军队向南方进攻。

结果他错了。

原因在于，苻坚的统治和曹魏有本质的不同。

咱们可以拿一个大地主当作例子，把秦始皇、曹操和苻坚的统治放在一起做个比较。

假设现在有一个大地主，他拥有很多土地和人口，还建造了一座堡垒保护自己。当秦始皇、曹操和苻坚的大军赶到，这个大地主分别会有什么样的经历呢？

秦始皇的统治方式是：秦朝的大军来了，把地主杀了，把堡垒拆了，重新统计土地和人口，把老百姓编入户籍，让他们给县衙交税,谁敢违反秦法就严刑伺候。

曹操的统治方式是:曹魏的大军来了,大地主跪下表示服从。曹魏的将领对地主说:"咱们曹操大人是难得的仁君,只要你好好听话,一定保证你荣华富贵。"地主早就听说过曹操,知道曹操对顺从的地主确实不错,于是答应归降。将领问本地有多少人口,地主编造了一个数字交上去,以后地主就按照这个数字给曹魏交税。曹魏要打仗了,地主也把一部分老百姓交出去编入曹魏的军队。

苻坚的统治方式是:苻坚的大军来了,大地主跪下表示服从。苻坚的将领表示:"咱们的苻坚大人是难得的仁君,你一定好好听话!"大地主说:"没问题!"但是看着这群穿着打扮、言谈举止都很怪的人,大地主心里直嘀咕。将领要求大地主证明自己的忠诚,大地主赶紧献上一份钱粮,将领满意地走了。大地主回到自己的堡垒,关起门来还心有余悸:"好险好险,好不容易把这些蛮人打发走了。"

看出其中的区别了吗?从秦朝到苻坚,朝廷对基层的控制能力越来越弱。秦朝详细管理每一寸土地和每一户人家,理论上所有人都不能欺瞒皇帝。曹魏对基层的控制比秦国弱多了,但是还能靠笼络地主维持统治:只要统治者保证地主的财富和安全,地主就会支持统治者。而苻坚的统治,是用军事威吓换来地主的虚情假意,统治者和基层之间的联系极其脆弱,这也决定了这个政权是脆弱的。

战争的结局正是如此。

苻坚为了征服南方,组织了一支超级庞大的军队。当时在中国北方的民族有好多个,苻坚所属的氐(dī)族只是其中的一个,人数很少。苻坚的这支超级大军是由好多游牧民族的队伍以及大量农耕地区的老百姓组成的,这些人并不想为苻坚卖命,稍微受到一点儿挫折就会撤退。[1]开战后,苻坚的主力进行了一次普通的后撤。结果其他部队误以为主力吃了败仗,争先恐后地加入撤退的队列中。简单的后撤变成了大溃败,导致原本拥有绝对军事优势的苻坚吃了大败仗。这就是历史书里经常提到的"淝水之战"。[2]

苻坚打了败仗后,带着残余的军队回到首都。这里苻坚和曹操的经历很像:曹操也曾经组织了一支大军向南进攻,在"赤壁之战"中打了败仗,之后也是退回到北方休养生息。

但是后面就不一样了:曹操靠笼络人心得到了国内大地主和大家族的支持。只要蜀国和吴国没有兵临城下,大地主和大家族就会继续支持曹操,曹操就能够继续维持在北方的统治。经过一段时间的休养生息,曹魏恢复了国力。可是苻坚的帝国是靠军事威吓统治的。氐人数量本来就少,支持苻坚的精锐军队又在淝水之战中损失了大半,所以苻坚兵败后,其他的游牧部落和北方地主都开始不听话了。地主开始少交税、不交税,甚至给附近其他的武装组织交税,让别人来保护他。于是,苻坚的政权很快就崩溃了。

类似的事情一而再,再而三地发生,这让之后的北方政权的统治者终于想明白了一件事。

表面看上去,他们是北方的主人,因为手里有刀有枪嘛,大军

---

[1] 田余庆:《东晋门阀政治》,北京大学出版社,1989,第236—237页。
[2] 《晋书·谢玄传》:"坚进屯寿阳,列阵临肥水,玄军不得渡。玄使谓苻融曰:'君远涉吾境,而临水为阵,是不欲速战。诸君稍却,令将士得周旋,仆与诸君缓辔而观之,不亦乐乎!'坚众皆曰:'宜阻肥水,莫令得上。我众彼寡,势必万全。'坚曰:'但却军,令得过,而我以铁骑数十万向水,逼而杀之。'融亦以为然,遂麾使却阵,众因乱不能止。于是玄与琰、伊等以精锐八千涉渡肥水。石军距蚝,小退。玄、琰仍进,决战肥水南。坚中流矢,临阵斩融。坚众奔溃,自相蹈藉投水死者不可胜计,肥水为之不流。余众弃甲宵遁,闻风声鹤唳,皆以为王师已至,草行露宿,重以饥冻,死者十七八。"

一到别人都要跪下臣服。但实际上北方的主人是各地的大地主。因为游牧民族的首领没有能力把老百姓编入户籍，维持基层秩序，所以基层的管理和生产必须交给地主。也就是说，每年生产出来的财富只能掌握在地主的手里。在北方统治者实力强大的时候，地主不得不把财富交出来。一旦统治者实力变弱，地主立刻就会转而支持别人。

所以要想长久统治，必须赢得地主的支持。

那该怎么做呢？要想从根本上改变统治局面，必须改变制度。但就像前面说的，制度的变化是缓慢的，新制度往往要根据成熟的旧制度慢慢改进。北方的统治者只能模仿旧制度，也就是过去汉朝、三国和西晋使用的那些制度。

苻坚的政权崩溃后过了几十年，一个鲜卑政权重新统一了北方，叫作北魏。早期的北魏有很多部落制度的痕迹，最核心的力量是驻扎在首都附近的一群军事贵族。[1]但是北魏的统治者也知道，用部落制度统治农耕地区是不能长久的，应该想办法改变国家制度。假如你是北魏的统治者，你会怎么做呢？

当然，我们可以直接下一道命令，对百官说："我要修改制度，你们赶紧去做。"问题是，谁去执行这道命令呢？汉代等王朝的制度都写在各种典籍里，但是这些记录都非常粗糙，只写了大致的规定，没写具体的细节。而登记户籍、管理百姓、收取赋税是一项非常烦琐的工作，特别依赖经验。想想班主任管理一个班级有多复杂，管理天下百姓要复杂千万倍。光是怎么调解老百姓之间的矛盾，让每个人都不心生怨气，就不是靠书本上的知识能学会的。

---

1 康乐：《从西郊到南郊：国家祭典与北魏政治》，稻乡出版社，1995，第64页。

那么，哪里才能找到管理老百姓的人才呢？倒是也有现成的，就是那些北方的地主。他们天天管理老百姓，知道该怎么办。那咱们就把这帮人招募过来嘛。在真实的历史里，北魏的统治者就是这么做的。[1]

好了，人才有了，该让他们干活儿了。你把这些地主出身的官员召集到大殿上，让他们跪成一大片。你拿出一张地图，上面画的是你征服的国土。你指着地图上的一个个郡县对他们说："你，以后就管理这儿；你，以后管理那儿……以后你们就是官老爷，你们把这些地方的百姓管理好，户籍统计上来，按时收税，管不好要你们的脑袋！"他们赶紧磕头谢恩，可是磕完头后不走，其中有个人战战兢兢地对你说："皇上，您的圣旨我们不敢不听，可问题是……问题是……那些土地上没几个人啊！"

啊？为啥没有人啊？

因为北方之前经历了太长时间的战争和劫掠，无数老百姓失去了生命。剩下的百姓除了南逃外，其余的人尽可能地涌进了堡坞，寻求大地主的保护。有些堡坞在战争中被摧毁，有些堡坞到了和平时期自行解散。但是就算离开了堡坞，这些老百姓还是聚集在大地主的周围，在大地主的管理下生活。[2]虽然朝廷的手里拥有大量无主的荒地[3]，但是百姓都在地主的手里。空有土地，没有百姓，还是种不了粮食啊。

---

[1]《魏书·太宗纪》："诏分遣使者巡求俊逸，其豪门强族为州闾所推者，及有文武才干、临疑能决，或有先贤世胄、德行清美、学优义博、可为人师者，各令诣京师，当随才叙用，以赞庶政。"

[2]《魏书·李冲传》："旧无三长，惟立宗主督护，所以民多隐冒，五十、三十家方为一户。"

[3] 王仲荦：《魏晋南北朝史》，上海人民出版社，2003，第489—490页。

那怎么才能把百姓从地主的手里弄出来呢?直接威胁地主把百姓交出来?可咱们刚刚不是总结了嘛,苻坚失败的原因是"失去地主的支持"。现在直接跟地主翻脸?把他们都得罪了不就重蹈覆辙了吗?

统治是艺术,北魏的统治者需要的是类似盐铁专卖那种外表温和的制度。

结果这种制度还真被研究出来了。

北魏的统治者宣布,只要老百姓登记在官府的户籍上,官府就分给老百姓一块地。这些地,一部分彻底归百姓所有,一部分死后要还给国家。百姓种这些地要交的赋税,比给大地主交的要便宜很多。这样一来,老百姓发现给朝廷种地更划算,大量百姓主动离开地主,重新登记到户籍上。换句话说,这相当于北魏朝廷用更低廉的赋税,把百姓从地主那里吸引过来。[1]因为朝廷给每个百姓分配固定面积的土地,就好像朝廷把土地"均匀"地分给百姓。所以这个制度叫作"均田制"。

当然,这么干那些大地主还是会不高兴。北魏统治者也没忘了笼络地主。名义上,天下的土地都是北魏君主一个人的,但实际上朝廷并没有收缴地主的土地,过去是大地主现在还是大地主。[2]在分田的时候,朝廷还规定地主拥有的奴婢、耕牛也可以折算成人口分配土地,分到的土地归大地主所有。说白了,就是让大地主分到比老百姓更多的土地。[3]这样一来,大地主可以继续过优越的生活,再加上朝廷手里还有武力威胁,那地主干吗要反抗呢?

---

1 程念祺:《国家力量与中国经济的历史变迁》,新星出版社,2006,第50页。
2 王仲荦:《魏晋南北朝史》,上海人民出版社,2003,第500—501页。
3 程念祺:《国家力量与中国经济的历史变迁》,新星出版社,2006,第270页。

于是均田制就顺利地推行下去了。

均田制这招很巧妙，不过之所以有用，也跟天时地利有关。因为连年的战争让北魏的统治者手里拥有很多闲置的土地，朝廷可以用这些土地笼络地主和百姓，这才能不和地主翻脸。至于其他的时代，就不能复制这个办法了。

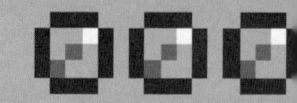

同一时期南方发生了什么

淝水之战前的南方

桓温威逼东晋皇帝禅位，只差一步之遥，结果就在这个当口儿，桓温去世了，东晋皇室喘了一口气。桓温去世后，桓家最有势力的人是桓温的弟弟桓冲，但是桓冲对皇室非常忠诚，自愿让出京畿的防卫。东晋另一个有影响力的家族是谢家，谢家的谢安执掌国事，建立了一支新的部队。总体上，东晋处于刚刚喘了一口气，还没有恢复过来的状态。就在这个时候，苻坚大举进攻了。

淝水之战时的南方

当苻坚进攻的消息传到南方时，东晋朝廷乱作一团。谢安却表现得很镇静，好像这根本不是什么事儿。这是因为当时流行"名士风度"，名人要看淡得失，泰山崩于前也要表现出风轻云淡的样子。西晋灭亡后，就有很多人批评这种故作清高的姿态祸国殃民。现在谢安又是这么一副名士风范，让很多人担心是否要重蹈西晋覆辙。结果因为谢安调度得当，加上苻坚方内部不稳定的大势所趋，再加上一点点运气，东晋在淝水之战中取得了惊人的胜利，让谢安成了一代名臣。

太和改制时的南方

淝水之战的胜利并不能改变东晋灭亡的命运。东晋国内大军阀的崛起已经势不可当，灭亡只是时间问题。后来东晋皇帝被自己的将军废掉，南方进入了"南朝"时代。这些王朝的统治都不太稳固，经常陷入内乱。因此连续更迭了四个王朝：宋、齐、梁、陈。北魏统治者汉化的时候，南方正处在南朝齐的时代。

东晋时，皇帝比较软弱，世家大族拥兵自重。等到东晋灭亡后，新上台的皇帝依靠武力登基，权势要比东晋皇帝大一些。但是想要真正强化皇权，需要朝廷清查人口，重新登记户籍，用强大的官僚系统管理百姓。这些都是南朝皇帝做不到的。皇帝只能延续依靠家族力量的习惯，让自己的亲戚负责重要职位。但是这些亲戚又会形成新的势力，进而威胁皇帝的统治。在北魏改制的时候，南朝正处在动荡不安的状态。

假如你的武功天下第一

府兵制

你在电影或者动画片里，有没有见过这么一种角色，他们是片中战斗力的"天花板"，每次一出场，弹幕都会狂刷"稳了稳了"，因为只要他们出场肯定能赢。这一回，我们就来扮演一个武力超群的角色。

我们扮演的是鲜卑部落里的大英雄，手下有一群忠心耿耿的兄弟，我们一起浴血奋战，每次都能大胜而归。在游牧民族的部落里，能打仗的人最受尊敬，因此我们在部落里的地位最高。部落首领把我们当作亲兄弟看待，我们一起喝酒跳舞，一起商议大事。

随着我们不断打胜仗，部落首领有了夺取天下的雄心。他想把部落变成大帝国，于是他模仿中原政权，给部落取了一个名字叫"魏"。因为历史上叫"魏"的政权太多了，所以后来的历史学家把这个政权叫作"北魏"。

现在，我们的身份从部落的英雄变成北魏的将军。我们跟着首领一起向南进攻，打了很多胜仗，还打下了一座大城市，当时叫作平城，也就是今天的山西大同。平城在长城的边上，是长城防线的军事重镇之一。我们打下平城，就等于有了统一中原的前哨站。不久，君主决定把首都迁到平城。我们作为君主最忠心的部下，当然也一起迁过去了，就驻扎在首都的附近，保卫朝廷。

来到平城后，君主下了一道命令，要求把咱们部落里的人口全都打乱，编入户籍。这些人不能再像部落时代那样到处迁移，而是要在固定的地方住下来，方便朝廷管理。[1]这个规定改变了我们原来的部落生活的习惯，让咱们有点儿不开心，但是君主安慰咱们，承诺咱们还是帝国最重要的将军，依旧驻扎在首都周围，保卫朝廷；咱们还可以拥有各种特权，享受农耕地区百姓贡献的财物。[2]

好吧，这么一想也不错。反正以后控制中原，统一天下，富贵生活还多着呢。

就这样，日子一天天过去，旧的君主去世，新的君主继位。不久朝廷开始了改革，现在朝廷里最流行的话题不再是刀马、弓箭和酒，而是诗文、笔墨和书。咱们这些军人的地位越来越低了。

过去朝廷商议大事的时候，咱们兄弟都坐在最好的位置上，咱们说出什么话来，别人都得专心地听。现在不一样了，龙椅上的新皇帝（孝文帝）年纪轻，经验少，提拔了一大群没立过战功的文官。他要办什么大事，都跟他那帮文官关起门来自己研究，研究好了直接下圣旨，没咱们什么事儿了。

这是瞧不起咱们呀！

那些读书人说的话咱们听不懂，写的字咱们不会看，"之乎者

---

1 《魏书·官氏志》："登国初，太祖散诸部落，始同为编民。"《魏书·贺讷传》："离散诸部，分土定居，不听迁徙，其君长大人皆同编户。"
2 康乐：《从西郊到南郊：国家祭典与北魏政治》，稻乡出版社，1995，第75页。

也"的有什么用？在战场上还不是一脚就踹翻了！年轻的小皇帝没吃过苦没受过罪，就喜欢这些虚的东西，全是乱来。可是有什么办法呢，人家是皇帝啊。算了，以后朝廷开会咱们也不去了，还不如在军营里跟老兄弟们一起喝酒抱怨呢。

就在咱们怨气满满的时候，孝文帝又折腾出了新花样：有一天他宣布，要亲自带领大军南征，一口气打过长江，统一天下。

咱们听了直摇头啊，这小皇帝真是不知天高地厚，多少前人洒光鲜血也没能办成的事，他一个小娃娃就能给办了？还不知道要白白葬送多少性命！

其实不光是咱们摇头，朝廷里的大臣也都觉得不靠谱。可是孝文帝铁了心要出兵，好在他召集的部队里没有咱们这些老兄弟，是他信任的另一群士兵和将领。那就不关咱们的事儿了，就等着看笑话呗。

果然"笑话"来了。

当孝文帝带着军队走到洛阳的时候，赶上下大雨，而且连续下了好多天。古代只有土路，一遇到大雨，道路变成了泥潭，彻底没法儿前进了。孝文帝的军队在洛阳被困了好久，士气低落，粮草不够，于是大臣们都劝孝文帝撤兵吧。

结果孝文帝脸色一变，急眼了："统一天下这么重要的事业，能说停就停吗？"他不管不顾，非要继续进军。跟随孝文帝出征的都是对他最忠诚的大臣，他们觉得继续南征肯定会大败而归，跪在地上死活不让孝文帝前进。孝文帝说："不！我偏不！"大伙儿说："别，您千万别！"这么拉扯了半天，孝文帝一看火候差不多了，就对大臣们说："咱们出发的时候这么兴师动众，怎么能就这么回去了呢？不继续南征也可以，那就把首都迁到洛阳，这样才能完成统一的大业！"大臣们这才反应过来：原来闹了半天，您南征的真正目的是迁都啊。[1]大伙儿只能从了。

这个消息传到平城，留守的人都惊呆了："想不到皇帝玩了这么一手儿！这明显就是冲着咱们来的啊。皇帝想迁都又怕咱们反对，于是先甩开咱们再宣布迁都，这是跟咱们玩花样啊。"[2]大家既震惊又无法接受。

这时候，孝文帝从洛阳派来了说客，到平城做思想工作。[3]皇帝迁都也是有理由的嘛：之前中原文明的首都都是长安和洛阳，平城在长城旁边，位置太靠北了，不适合统治中原；再说平城的交通也不方便，各地的粮食不容易运过来。[4]游说工作足足做了七个月，终于，大多数贵族被说通了，孝文帝才正式把首都迁到了洛阳。[5]

孝文帝迁都了，咱们扮演的那些鲜卑军人可没有跟着一块儿走。摆在桌面上的原因，是在北边还有其他的游牧民族不断向南进攻，帝国的边境需要军队防守。藏在桌面下的原因，是孝文帝要摆脱鲜卑旧部的军队，才敢继续他的改革。

到了洛阳后，孝文帝的改革果然更"奔放"了，让旧部军人摇头的圣旨一道接着一道地发下来：

皇帝下令，首都的百姓不能再穿鲜卑族的衣服，都要改穿汉人

---

1 《魏书·李冲传》："高祖初谋南迁，恐众心恋旧，乃示为大举，因以胁定群情，外名南伐，其实迁也。旧人怀土，多所不愿，内惮南征，无敢言者，于是定都洛阳。"

2 康乐：《从西郊到南郊：国家祭典与北魏政治》，稻乡出版社，1995，第86页。

3 《魏书·元澄传》："及驾幸洛阳，定迁都之策，高祖曰：'迁移之旨，必须访众。当遣任城驰驿向代，问彼百司，论择可否。近日论《革》，今真所谓革也，王其勉之。'既至代都，众闻迁诏，莫不惊骇。澄援引今古，徐以晓之，众乃开伏。澄遂南驰还报，会车驾于滑台。高祖大悦，曰：'若非任城，朕事业不得就也。'从幸邺宫，除吏部尚书。"

4 王仲荦：《魏晋南北朝史》，上海人民出版社，2003，第504—505页。

5 逯耀东：《从平城到洛阳：拓跋魏文化转变的历程》，中华书局，2006，第137页。

的衣服[1]；又下令朝廷里三十岁以下的官员必须说汉语，不许说鲜卑话[2]；还要旧贵族把鲜卑姓改成汉姓，甚至孝文帝他们皇族的姓都要改。孝文帝他们家族本来姓拓跋，从此之后改姓"元"。[3]元氏家族后来出了很多名人，比如大诗人元稹（zhěn）和元好问。

站在整个历史的角度看，这些都是对凝聚中华文明有好处的政策。但是对咱们扮演的旧部军人来说，就很难理解了：明明是靠我们的双手打下的江山，我们有功劳，是胜利者，凭什么让我们改衣服，改语言，甚至连姓什么都要改啊！

不仅这些旧部军人不满，甚至连孝文帝自己的亲儿子都不满。孝文帝的太子身体肥胖，受不了洛阳温暖的气候，总想回平城去。后来太子忍无可忍，杀了身边的大臣，打算逃跑，结果被孝文帝废黜，最终被处死。[4]堂堂皇位继承人都能反目到这个地步，也可以看出当时贵族对孝文帝的态度了。

不满的还不止平城附近的军人。在平城北侧不远的地方有六个军事重镇，"六镇"是北魏帝国北边的防线。这里的军人同样是被朝廷遗弃的军事贵族。[5]等到朝廷南迁后，这些军人的社会地位不断

---

1 《魏书·元禧传》："昨望见妇女之服，仍为夹领小袖。我祖东山，虽不三年，既离寒暑，卿等何为而违前诏？"

2 《魏书·高祖纪》："六月己亥，诏不得以北俗之语言于朝廷，若有违者，免所居官。"《魏书·元禧传》："今欲断诸北语，一从正音。年三十以上，习性已久，容或不可卒革；三十以下，见在朝廷之人，语音不听仍旧。若有故为，当降爵黜官。各宜深戒。"

3 《资治通鉴·齐纪六》："魏主下诏，以为：'北人谓土为拓，后为跋。魏之先出于黄帝，以土德王，故为拓跋氏。夫土者，黄中之色，万物之元也；宜改姓元氏。诸功臣旧族自代来者，姓或重复，皆改之。'"

4 《魏书·元恂传》："恂不好书学，体貌肥大，深忌河洛暑热，意每追乐北方。……恂留守金墉，于西掖门内与左右谋，欲召牧马轻骑奔代，手刃道悦于禁中。……高祖闻之骇惋，外寝其事，仍至汴口而还。引恂数罪，……乃废为庶人，置之河阳，以兵守之，服食所供，粗免饥寒而已。……中尉李彪承间密表，告恂复与左右谋逆。高祖……赐恂死，时年十五。"

5 王仲荦：《魏晋南北朝史》，上海人民出版社，2003，第528页。

下降。过去他们是皇帝的座上客，现在他们不能进入朝廷当官，甚至后来有些军人的地位卑贱如仆人。[1]后来朝廷甚至直接把罪犯发配到边境当兵。[2]

想象一下，如果你是北魏帝国的旧部军人，本来掌握着天下第一的战斗力，结果不断被朝廷轻视，你会甘心吗？

迁都以后，朝廷和边镇之间的关系越来越疏远。等到孝文帝去世，新的皇帝在南边登基，朝廷和边镇之间更是谁也不认识谁了。但是这些军人还拥有强大的武力，随着积怨越来越深，他们终于发动了一场大叛乱。叛乱的结局是两败俱伤，边镇的军人受到残酷镇压，北魏也元气大伤，很快就灭亡了。北方又陷入一连串的混战中。

问题出在哪里呢？

打个比方，游牧民族的军事贵族好比一把刀，农耕民族的生产力好比大树的根。刀可以砍坏树根，就像游牧民族可以越过长城占领农耕地区。但是刀如果没有树根提供资源，力量很容易枯竭。就像苻坚虽然有强大的军队，但是一遇挫折就会土崩瓦解。

北魏的孝文帝吸取了苻坚的教训，知道树根的重要性。但是他因为过快地追求变革，一脚把刀踹到了一边，自己全心全意地去抱树根了。这样做的结果是让刀和树根再次分开，北魏政权失去了强大的武力，在内乱中走向灭亡。

北魏灭亡后，残存的边镇军人如同一把失去控制的大刀，在北

---

[1] 万绳楠整理《陈寅恪魏晋南北朝史讲演录》，黄山书社，1987，第280页。
[2] 《魏书·崔挺传》："时以犯罪配边者多有逃越，遂立重制：一人犯罪逋亡，合门充役。"

方的混战中乱砍乱杀。如果它得不到树根的滋养,力量很快就会枯竭。

但是它找到了。

北方军人在混战中起起伏伏,其中有一支辗转来到了关陇地区。这个"关陇地区"是"关中"和关中附近的甘肃地区("陇")的统称。这是当年周人和秦人崛起的地方。现在,北方军人占领了这里,他们的领导者叫宇文泰。宇文泰也是北方边镇军人出身,所以对手下的军人很照顾。但是大敌当前,宇文泰不得不带领兄弟和对手大战。这场战争非常惨烈,宇文泰的军队死伤超过一半。宇文泰急于补充军队,但是兵源在哪里呢?能源源不断提供资源的只有大树的根。宇文泰只能向关陇地区的大地主求助。[1]

宇文泰过去是边镇军人,他手下将领的地位类似军事贵族,拥有各种特权。关陇地区的汉人地主面对这些贵族原本只有被欺压的份儿。现在,宇文泰主动邀请地主加入军队变成贵族,地主当然喜出望外。于是大批的关陇地主带着自己控制的百姓加入宇文泰的军队。[2]这些汉人地主也成了军事贵族中的一员,他们靠自己土地上的粮食和人口维持军队。这样的军队叫作府兵。

后来府兵不断扩张,征兵范围扩展到了均田制下的百姓。[3]这些百姓只要加入府兵就可以免除税赋。对百姓来说,"均田"的土地是朝廷白给的,现在种地不用上交粮食,只要自备口粮和装备,定期服兵役就行。而且府兵的社会地位还比普通老百姓高上一等,立功了还有可能升官。这对常年挣扎在生死边缘的百姓来说太诱人

---

1 《周书·文帝纪》:"于是广募关陇豪右以增军旅。"
2 韩国磐:《魏晋南北朝史纲》,人民出版社,1983,第514页。
3 王仲荦:《隋唐五代史(上)》,上海人民出版社,2003,第20页。

了。于是大量百姓加入府兵。对朝廷来说，均田制里的田本来就是荒田，种田的百姓是从大地主那里吸引来的，所以几乎没用什么成本就把大量百姓编入府兵，也是一本万利的生意。

从此，刀和树根结合在一起了。在宇文泰掌握的军队里，军人是军事贵族，地位要靠战绩赢得，因此战意旺盛，战斗力强。同时，这支军队又有大地主和均田制下的百姓当经济后盾，解决了兵源和补给的问题。不仅如此，游牧民族军人和汉人地主同时当上了贵族，大家彼此混合，共同作战，民族之间的隔阂也越来越少了。

还记得前面说过的孤岛的比喻吗？从汉朝末年开始的乱世，就好比把一群人传送到了孤岛上。谁能把这些人重新组织起来，谁就能成为天下的统治者。府兵制把游牧民族的军事力量同农耕文明的生产力组合在了一起，让关陇贵族拥有了征服全国的实力。

我们再看一下这个时候南方的政权。南方的问题是大贵族的实力太强。在北方混战的这段时期，南方政权也在努力解决大贵族的问题，比如皇帝尽量选择家族背景不强的人当中央的大官，让自己的亲戚当地方的大官。但这些措施仅仅是在"制衡"，并不能彻底改变社会结构。也就是说，南朝的皇帝没有建立一套全新的制度，把全国的资源都抓在自己的手里，只是在看到一方实力过强的时候去提拔另一方。这样做可以让皇帝暂时安全一点儿，但是不能改变大地主隐藏的根本问题。到了南北朝末期，北方政权的实际人口是南方的两倍[1]，但是由于南方绝大多数人口都被大贵族隐藏起来了，因此北方政权掌握的户口数是南方的六倍[2]，这意味着北方政权能够

---

1 葛剑雄：《中国人口史（第一卷）导论、先秦至南北朝时期》，复旦大学出版社，2005，第464—475页。
2 梁方仲：《中国历代户口、田地、田赋统计》，上海人民出版社，1980，第6页。

调动的力量是南方的六倍。再加上府兵的战斗力很强，于是最终关陇贵族统一了中国，结束了南北方的长期对峙。

最后，是关陇贵族中一个叫作杨坚的人统一了中国，建立了隋朝。后来杨坚的儿子——隋炀帝杨广管理国家失误，导致隋朝短短二世而亡，唐朝取而代之。但是唐朝的开国皇帝李渊也是关陇贵族，而且李渊和杨家还是很近的亲戚，李渊是隋炀帝杨广的表哥。所以从政治结构上来说，隋朝和唐朝前期可以看成同一个王朝，是一个由关陇贵族统治，努力弥合南北方差异，把中国重新整合在一起的王朝。

全局视角

同一时期南方发生了什么

孝文帝迁都前的南方

为了强化皇帝的权力，南朝的皇帝希望能把天下的户口都掌握在自己的手里。在北魏迁都前夕，南齐的皇帝开始对百姓户口进行大规模的清查，对逃脱户籍的百姓进行严厉的惩罚。但是那个时候在户籍上的人口数量太少，百姓的负担本来就重，因此对朝廷这一政策的抵制非常强烈。而且执行命令的官吏还会向逃脱户籍者勒索财物，又为了完成任务把没有逃脱户籍的百姓列为罪犯。一系列的政策引起了百姓的不满，导致百姓起义。虽然起义最终被镇压下去了，但是对户籍的清查也停止了。

孝文帝迁都时的南方

在孝文帝假装南征的时候，南齐的皇帝齐武帝正好病重去世。南齐的大臣和皇子发生了宫廷斗争，斗争获胜的萧昭业当上了皇帝。但是不到一年，萧昭业就在政变中被杀死。这段时期南朝陷入频繁的政治斗争中，朝廷自顾不暇，政务更是一片混乱。不久，南齐就灭亡了。

宇文泰建立府兵制时的南方

在北方形成府兵制的时候，南朝已经到了最后一个王朝——陈朝。这时南方的统治者已经失去了进取的活力，很多人沉浸在享乐和艺术中。陈朝的最后一个皇帝陈叔宝喜欢创作诗歌，他创作的《玉树后庭花》用词香艳。唐朝诗人杜牧在听到秦淮歌女弹唱这首诗歌后，写下了名句："商女不知亡国恨，隔江犹唱后庭花。"这首《玉树后庭花》也被后人视为亡国之音。

知识卡

国号是怎么来的？

中国古代王朝都有自己的名字，比如"汉""唐"。这些名字叫作"国号"。国号基本有三个来历。

大多数国号跟开国皇帝的头衔有关。开国皇帝在建立王朝之前的封号是什么，新朝代就跟着叫什么。比如刘邦曾经被项羽封为"汉王"，后来刘邦就把自己的王朝称为"汉"。

再如隋朝的开国皇帝杨坚。杨坚在当上皇帝之前被封为"随国公"。杨坚当皇帝时，觉得这个"随"字有"走"的意思，不稳定，就把"随"字里的"走之旁"去掉了。繁体的"随"字去掉走之旁，就是今天"隋朝"的"隋"字。

有的开国皇帝没有什么可用的头衔，就直接选个自己喜欢的字当国号，类似咱们今天起名字。比如蒙古人建立的王朝，本来不讲究有什么国号。后来忽必烈开始重视农耕地区的统治，想要模仿中原政权取国号，于是取《易经》中"大哉乾元"之义，定国号为"大元"。

国号还有第三种来历——继承前人。比如"前燕""前秦""北魏"，前面的"前""北"是后人为了方便区分加上去的，他们当初就管自己叫"燕""秦""魏"。他们在取国号的时候，希望人们能联想到之前同名的王朝，甚至宣布自己的皇位是从前面的王朝继承过来的，这样可以增加自己的合法性。

基于这个原因，一些古代王朝会重名。我们今天为了区分方便，会在这些朝代的前面加上"前、后"，或者"东、南、西、北"之类的字。比如"前秦""后秦""北宋""南宋"。其中"前、后"指的是时间上的前后，"东、南、西、北"指的是首都位置的东南西北。所以单看国土，"东晋"和"西晋"明明是一南一北，为什么说成"东、西"呢？因为这里说的是首都位置一东一西。明白了这个道理，我们只要记住各个朝代的首都在哪里，就容易分清"西汉""东汉""西晋""东晋""北宋""南宋"等到底谁在前，谁在后了。

中场游戏
三步画出极简中国地图

隋朝的第二位皇帝是隋炀帝杨广。杨广的历史遭遇和秦始皇很像。在他们执政之前，中国经历了很多年的分裂，在他们的时代终于统一，国力空前强大。他们都有雄才大略，手中大权在握，都想让帝国万古长存。他们也都因骄傲自满、过度滥用民力而导致帝国短短二世而亡。

隋朝灭亡的原因之一是隋炀帝不顾一切地修大运河，耗费了过多的民力。

为什么隋炀帝执意要修大运河呢？这和中国的地理形势有关，我们一起来画一张地图就明白了。这是一张超级简易版的中国地图，非常简单，甚至在脑海中就可以画出来。

咱们从中国最早的时候开始。夏王朝和商王朝时，中国最好的田地都在黄河中下游的两岸。现在你可以在脑海中的白纸上画一条横线，这条横线代表了黄河中下游。这条河流的两岸土地很肥沃，所以在这条横线的两边，出现了很多村庄和田地。

黄河中下游

假设你现在是夏王朝或者商王朝的首领。你带着手下在这条河的两岸来回溜达,你会选择让部落居住在哪里呢?很简单,哪个地方的土地最适合耕种就住在哪里。在真实的历史里,夏王朝和商王朝的首都在黄河中下游附近,而且位置经常改变,哪里适合种地就搬去哪里。

等到周部落崛起的时候,形势发生了变化。

在黄河中下游的西边,周部落发现了一块新的土地。这块土地叫作"关中地区"。虽然关中地区的田地比黄河中下游的要少,但四面都是山,容易防守。而且这里的地势比黄河中下游要高一些,居高临下方便进攻。

咱们继续画。刚才不是画了一条横线吗?现在,咱们找到这条横线的最左端,再向左空出一小段距离,然后画上一座小城堡。这座小城堡里也有田地。这座城堡代表的就是关中地区。

关中　　　　　　　　黄河中下游

到了这个时候，天下最好的地方是哪里呢？已经不是黄河两岸，而是这座小城堡了。因为占据了这座小城堡，进可攻退可守，打起仗来占便宜。

所以这时全中国最好的地方不是黄河两岸，而是关中。从西周到唐朝的这段时间里，基本上谁占领了关中，谁就有可能统一天下。也正是出于这个原因，这个时期很多政权都把首都定在关中地区，也就是长安或者长安的附近。

所以，你可以在那座小城堡里再画一个小皇宫，表示这是首都。

关中（首都）

但是事情没那么简单。

如果你是皇帝，你希望能直接控制的军队越多越好。最好天下最强大的军队都在你的手边，远处的军队力量弱，这样才不用担心远处的武将造反。可是军队要消耗粮食，首都的军队越多，需要的粮食就越多。所以皇帝都希望把全国的粮食尽可能地集中到首都附近。粮食运得越多，政权越稳固。

可是在古代，陆地运输的成本太高了，唯一划算的运输方式是水运。

我们再去看刚才画的那张地图。还记得吗？我们画了一条横线代表黄河中下游，还在横线的左边画了一座小城堡，但是小城堡和河流的最左端不是连着的，中间还有一段距离。这是因为黄河不是每一段都适合水运，到了长安附近，地势十分险要，船只难以逆流而上。地图上这段空出来的距离，就代表着水运最难的那段路。在这里运输粮食，需要用人力在非常险要的环境里拉着船一点点往上游走，或者干脆停船靠岸改成陆运。别看这段路在地图上很短，但都是崇山峻岭，运输成本非常高，高到任何一个王朝都负担不起。

从西周到唐朝这一千多年以来，历代王朝都想要降低这段路的运输成本。他们用过的办法包括开凿运河，走山路，改进运输技术。但是直到唐朝仍旧没有解决这一问题，当时民间说这段路是"用斗钱运斗米"。[1]也就是在这段路上运一斗米得花一斗钱。这当然是个夸张的说法，但也能说明运输成本实在是太高了。

打个比方说，你现在是那个住在小城堡里的皇帝，你扒着城墙往下看。下面的那条黄河上冒出了很多运输的小船，这些小船一路上摇摇晃晃，把粮食往你这边运。可是在离你还有一段距离的时候，没有河道可以走了。这些船只能停下来，从船上下来很多小人儿，把粮食搬到了附近的岸上。然后这些小人儿都坐在地上哇哇大哭："运不了啦，粮食只能运到这里啦。"

如果你是城堡里的皇帝，而且特别需要这批粮食，你会怎么办？

你一看，这个卸粮食的地方距离你的城堡不是特别远。那干脆咱们就自己走两步，在卸粮食的地方再造一座城嘛。这座城市里也可以驻扎军队。你这个皇帝平时可以两头儿跑，天下太平的时候就

---

1 《新唐书·食货志》："是时，民久不罹兵革，物力丰富，朝廷用度亦广，不计道里之费，而民之输送所出水陆之直，增以'函脚''营窖'之名，民间传言用斗钱运斗米，其糜耗如此。"

住在河边的城市里,方便享用粮食。万一天下大乱,你觉得危险了,就退到身后的小城堡里躲起来。这不是两全其美吗?

在真实的历史里,那个卸粮食的地方很早就有城市了,那就是洛阳。

在从西周到唐朝的这段历史里,很多王朝把首都建在长安,同时把洛阳定为第二个首都。这种制度叫作"两京制"。有的朝代比如像唐朝,朝廷会经常在两个城市之间来回跑,在长安待一段时间,再在洛阳待一段时间。

也就是说,从西周到唐朝这段时间里,中国最有优势的城市有两个:一个是长安,一个是洛阳。

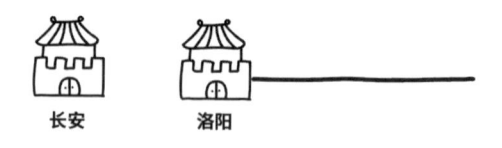

但是到了隋朝,情况又发生了变化。西晋灭亡时,大量贵族和百姓南逃,导致南方的人口增加。这些人口在南方开垦荒地,渐渐地,中国南方的经济发展了起来。等到隋朝的时候,南方的经济已经很发达了。

如果你是隋朝的皇帝,当你在城堡里往南看的时候,你会发现在很远的地方又出现一片新的田地,那里堆积了好多粮食,能养活很多军队。这些军队要是造反怎么办啊?你很想把这些粮食运到首都,可是它们距离我们太远了,怎么办呢?

想来想去，解决方案只有一个，就是在粮食产地和首都之间挖一条河。

这就是隋炀帝杨广为什么非要挖大运河。他要用运河把南方的产粮区和洛阳连起来。连起来后南方的粮食能运到洛阳，长安和洛阳的两京制又能成立了。

于是隋朝的两个皇帝杨坚和杨广花了很大的代价去挖大运河。这条河在很短的时间里就挖好了。

还记得咱们的画吗？咱们刚才画了一条横线和两座小城堡。这条大运河挖好后，你现在可以在横线的中间靠右边画一条竖线。这条竖线和横线是交叉的。这条竖线就是大运河。

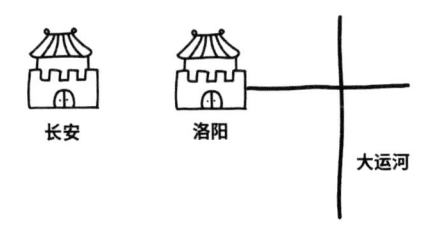

等这条运河挖好后，当时中国主要的经济区都被河流连起来了。全国所有的财富都可以通过水运集中在这几条河流的任意一点上。只有财富集中了，权力才能集中。中央的军队也容易顺着河流去平叛。所以挖通大运河对弥合南北分裂、维持中国统一有很大的好处。杨广不顾一切地挖运河，给当时的百姓带来了深重的灾难，但客观上为中国的历史发展做出了贡献。

假如你是被关在办公室里的校长

募兵制

在古代什么人最开心呢?应该是皇帝吧,因为皇帝地位最高嘛。尤其是盛世的皇帝,国家钱粮充足,没有内忧外患,天下所有人都听皇帝一个人的话,这多开心啊。

唐朝是在唐玄宗时国力达到鼎盛的,你这次就来扮演唐玄宗,看看当盛世的皇帝是个什么滋味。

首先,思考一下这个问题:当盛世的皇帝还会有烦恼吗?除担心生老病死这类自然现象外,皇帝还会有我们普通人没有的烦恼吗?

还真有。有一句话叫"匹夫无罪,怀璧其罪"。一个人老老实实,不招谁不惹谁,但是他拥有一块价值连城的美玉,结果拥有美玉这件事就成了他的"罪"。因为他拥有的这块美玉价值连城,别人总想谋害他。

在古代,拥有财宝最多的人是谁呢?当然是皇帝。因此古代最容易被算计的人就是皇帝。不仅坏人为了一己私利要骗皇帝,好人为了国计民生有时候也得骗——万一赶上皇帝糊涂的时候，你不骗皇帝，这事儿就办不成啊！

所以你当上唐朝的皇帝后，最需要思考的一件事，是怎么防止别人欺骗你。但是皇帝不被人骗很难啊，因为皇帝整日住在深宫之中，看不到各级政府与民间的具体情况，整个天下对他来说是一片迷雾。

打个比方，你是一所大型学校的校长，管理好几万师生与员工。可是你一辈子都被关在校长办公室里，不能离开办公室半步，那你该怎么了解学校的情况呢？当然，你可以尽可能多地收集情报，要求各部门事无巨细都向你汇报。可问题是，文件可以造假，汇报可以避重就轻。为了防止有人欺骗你，同一件事你不能光听一个人的说法，得有好几个不同的消息来源。

因此古代朝廷要设立监察机构，监督官员是否撒谎。但是监察机构在皇宫之外，他们要是也骗皇帝该怎么办？所以历代皇帝常常在监察机构之外另立新的监督人员，一般是皇帝身边最亲近的人，比如皇帝的亲戚、宦官或者是总陪皇帝聊天的近臣。

可是，这些人派出去后也有私心怎么办？位高权重的人混在一起时间长了，容易产生默契，一起骗皇上——大家地位差不多，苦恼都一样，容易互相理解。因此皇帝还要选用一些没有地位的年轻人，让他们去监督大员。这些年轻人官位不高，但是可以向皇帝举报各级官员，皇帝保证他们不会受到报复。

可是这些人如果为了受到皇帝的青睐，故意捕风捉影、夸大其词怎么办？这局面，就好比你是那个被关在办公室里的校长，有个学生向你告状。告状的那个人义愤填膺："再这么下去学校就完了！"被告状的哭哭啼啼委屈万分："我被冤枉了，我真没有！"你叫来两个管理他们的老师，其中一个说："没错，这孩子就是坏！"

另一个说:"胡说,你一直都对他有偏见!"你又该怎么办呢?

关键不是你选择相信谁,而是无论相信谁,你能保证自己不犯错吗?

这是很多皇帝的苦恼。唐玄宗的做法是,挑几个最聪明的人跟他一起解决这个问题。唐朝最大的官是宰相,玄宗时一般有两到三个宰相。全国各地所有的情况都会汇总到宰相这里,由宰相向皇帝汇报,皇帝做出指示后,宰相再去执行命令。宰相是皇帝日常工作里最重要的助手,只要宰相可靠,国家就不容易出乱子。

因此唐玄宗在执政早期非常重视宰相的人选。要做好这件事可不简单。首先,玄宗得认真考察身边大臣的能力和人品;其次,还要考虑几个宰相之间的搭配,让他们既能一起合作办事,又能适当互相牵制,让皇帝听到不同的意见。等所有的因素都考虑周全,宰相的班底确定下来了,这个宰相团队也不能维持太长时间,一般是三四年就要换一次。这是因为宰相的权力太大,下面的官员总会逢迎巴结,时间长了就会形成宰相的小势力。到那时宰相无论说点儿什么,下面的人都说"宰相说得对",那皇帝就听不到真话了。

因此唐玄宗在执政早期把很多的精力花在了更换宰相上。这个工作很有成效,这一时期唐朝出现了很多名相,国家治理得很好。等到唐玄宗统治中期,唐朝国力已经达到鼎盛。全国人口和收入不断增加,版图不断向外扩张,钱财似乎取之不尽,用之不竭,唐玄宗心满意足了。

自从玄宗执政以来,唐朝的国力一直在上升。玄宗辛辛苦苦工作了二十多年,觉得国家实在找不出什么大问题了。他认为当时的国家制度已经很完美了,以后不再需要频繁地调整国家政策,应该进入维持稳定的阶段了。

于是，唐玄宗选择了一个新的宰相，叫作李林甫。他让李林甫完善国家各项事务，把它们作为制度固定下来。李林甫非常有才干，他聪明心细，十分擅长规定制度细节，很多制度在他的修改下变得更合理。唐玄宗觉得这个宰相真是选对了。

但是唐玄宗看错人了。

李林甫为人阴险狡猾[1]，成语"口蜜腹剑"就是专门用来形容他的。[2]他最大的梦想是手握大权，为了掌权什么坏事都愿意干。李林甫会买通玄宗身边的人，在见到玄宗前打听好他的心思，然后见到玄宗时每句话都能说到玄宗的心坎上。玄宗自然觉得李林甫是个人才，办事最得体。[3]

我们想象一下，假如我们天天面对这么一个一心想要哄我们高兴，说话总说到我们心坎上的聪明人，我们能不被他骗吗？而且玄宗也老了，连续工作二十多年也倦怠了，开始讨厌宰相约束他，所以遇到善于察言观色的李林甫可谓正中下怀，乐于把工作全都交给他，自己躲清闲去了。[4]

于是从李林甫开始，唐玄宗不再更换宰相，李林甫的权力越来

---

1 《旧唐书·李林甫传》："林甫性沉密，城府深阻，未尝以爱憎见于容色。"《新唐书·李林甫传》："性阴密，忍诛杀，不见喜怒。面柔令，初若可亲，既崖阱深阻，卒不可得也。"《资治通鉴·唐纪三十》："林甫城府深密，人莫窥其际。"

2 《资治通鉴·唐纪三十一》："李林甫为相，凡才望功业出己右及为上所厚、势位将逼己者，必百计去之，尤忌文学之士，或阳与之善，啖以甘言而阴陷之。世谓李林甫'口有蜜，腹有剑'。"

3 《旧唐书·颜真卿传》："阉官袁思艺日宣诏至中书，玄宗动静，必告林甫，先意奏请，玄宗惊喜若神。以此权柄恩宠日甚。"《新唐书·李林甫传》："林甫每奏请，必先饷遗左右，审伺微旨，以固恩信，至饔夫御婢皆所款厚，故天子动静必具得之。"

4 《新唐书·李林甫传》："林甫善刺上意，时帝春秋高，听断稍息，厌绳检，重接对大臣，及得林甫，任之不疑。"《资治通鉴·唐纪三十一》："初，上自东都还，李林甫知上厌巡幸，乃与牛仙客谋增近道粟赋及和籴以实关中。数年，蓄积稍丰。上从容谓高力士曰：'朕不出长安近十年，天下无事，朕欲高居无为，悉以政事委林甫，何如？'对曰：'天子巡狩，古之制也。且天下大柄，不可假人。彼威势既成，谁敢复议之者？'上不悦。"

越大。后来李林甫每天见皇帝的时候,都汇报说天下太平无事,很早就下班回家。等他回到家里才开始真正处理国家大事。[1]赶上玄宗总不上朝的日子,群臣都去李林甫的家里汇报工作,政府部门空无一人。[2]唐玄宗已经没法儿了解实情了。

不过,李林甫虽然阴毒专权,但是他还算是勤于国事,也没有造反的想法。如果唐代的制度确实已经完美了,他这么专权倒也不会出什么大问题,但事实并非如此。

问题出在府兵制上。前面说过,府兵制的征兵对象是均田制下的农民。府兵制的本质,就是国家向农民提供免税的土地,换来农民当兵的义务。因此,府兵制的前提是均田制。但是到了唐玄宗时代,均田制维持不下去了。

咱们说过,无论是什么样的制度,运行的时间长了,各级官员总能找到钻漏洞的方法。按照规定,均田制下的土地大部分属于国家,百姓去世后要交回来,这样国家才能重新分配。但是权贵总能找到办法强占土地。甚至皇帝自己也会起贪念,拿出国有土地赏赐给功臣。因此时间长了,土地集中在权贵的手里,国家的土地不够用了。[3]以后再给府兵分配土地,面积会有所克扣。一开始克扣得比较少,老百姓还能接受,但是今年克扣一点儿,明年克扣一点儿,

---

1 《旧唐书·杨国忠传》:"旧例,宰相午后六刻始出归第,林甫奏太平无事,以巳时还第,机务填委,皆决于私家。"《新唐书·杨国忠传》:"始,李林甫给帝天下无事,请已漏出休,许之。文书填凑,坐家裁决。既成,敕吏持案诣左相陈希烈联署,左相不敢诘,署惟谨。"

2 《新唐书·李林甫传》:"或帝不朝,群司要官悉走其门,台省为空。左相陈希烈虽坐府,卒无人入谒。"

3 唐长孺:《魏晋南北朝隋唐史三论:中国封建社会的形成和前期的变化》,武汉大学出版社,1992,第262—266页。

日积月累到一定程度后,老百姓就发现当兵不划算了。

而且唐朝前期经常对外作战,扩张边境。边境越扩张,府兵从自己家里走到边境的时间就越长,于是每一次服兵役花的时间就越长,当兵就越来越不划算了。而且随着边境的扩张,战争的难度越来越大,更容易打败仗,死的人也更多了。

种种因素加在一起,越来越多的老百姓宁愿不要土地也不愿意当兵。[1]府兵数量不足,前线的将军没兵可用,只能在当地花钱雇人当兵。这些雇来的士兵没有国家分配的土地,当兵拿的是薪水。这种征兵的制度跟府兵制完全不同,叫作"募兵制"。

从府兵制变为募兵制,这一变化非常重要,需要很多制度的配合。比如府兵在家乡有土地,有家人,他们一门心思想要回家过太平日子。如果边关的将领想带着大伙儿造反,府兵就会很犹豫。因为要是跟着造反失败了,没准全家人都变成奴隶了。可是募兵制下的士兵是职业兵,所有的收入都从军饷里来,说白了谁给钱他们就听谁的。

因此在募兵制下,财政权就变得特别重要,因为手握财政权的人更容易控制军队。此外,募兵权也很重要,说白了,就是"谁当兵"这事儿不能由将领说了算,得由朝廷说了算,这样士兵才知道自己的领导是朝廷而不是将领。另外,将领跟士兵相处时间长了容易得到士兵的信任,更容易带动士兵造反,所以将领还要经常更换。

总而言之,如果要使用募兵制,国家的财政、将领的任免等政策都要调整。可是唐玄宗认为他的制度已经很完美了,不需要大改。所以唐玄宗只是让李林甫把募兵制的细节规范一下,作为制度

---

1 岑仲勉:《府兵制度研究》,上海人民出版社,1957,第69—71页。

定下来，这事儿就算办完了。[1]如果是负责任的宰相，这时候该提醒皇帝其中有漏洞。可偏偏李林甫一心媚上，皇上希望国家没问题，那就照着没问题汇报。

于是没问题就变成有问题了。

古代的制度像是一艘大船，运行的时间长了，总会被各级官员找到漏洞。为了各自的小算盘，大家会"默契"地把这个漏洞越搞越大，时间长了，这艘船的漏洞越来越多，就需要大修了。

隋唐王朝的制度到了唐玄宗时代，已经运行很久了。大唐的这艘船虽然满载着金银财宝，但是在皇帝看不到的地方已经悄悄涌入了覆舟之水。可是唐玄宗只看见这艘船富丽堂皇，以为只需要零星的小修小补。

古代临时派某人去做某事，会说"差遣"这个人去做什么。唐代有一种职务叫作"使职差遣"，就是皇帝临时派一个人去做某项工作。他可以不经过原来的官僚机构，直接把事情办了。这种人皇帝用起来当然方便，不需要经过部门的层层手续，皇帝写一道命令就行。但这是对制度的破坏。"使职差遣"就像是大船上的临时补丁，好用，但是不能常用。结果唐玄宗偏偏就用上瘾了。在他统治的时候，"使职差遣"数量泛滥，甚至成为原来官僚机构之外另设的机构。这情况，就好比唐朝这艘大船浑身是洞，唐玄宗二话不说掏出好几百张强力胶，噼噼啪啪地全贴上，一艘船补丁摞补丁，原先的船体都看不清了。结果唐玄宗一看船身不再漏水了，还特得意，比了个胜利的手势："瞧咱这制度——完美！"边上李林甫还

---

1 《新唐书·兵志》："八载，折冲诸府至无兵可交，李林甫遂请停上下鱼书。"

捧哏呢:"那必须的,皇上!"

这时候您就别再起哄了啊。

"使职差遣",顾名思义,差遣的是叫作"使"的职务,其中最有名的是负责地方军事的"节度使"。唐玄宗时,募兵制需要中央有配套的财政制度和拨款,但唐玄宗让地方自己筹钱。钱不够怎么办呢?唐玄宗就给了节度使管理地方财政的权力,让他们自己想办法筹钱。等于说,唐玄宗把一个地区的军权和财政权都交给了节度使一个人。

光放权还不够,还要延长任职时间。最早实行府兵制的时候,将领完成任务就回到朝廷里,士兵跟将领就分开了。后来"节度使"规定四年一换。但是边关事务越来越繁杂,有些事情只有某几个人才搞得定,这些节度使干得顺手了,朝廷就不愿意放他们走。于是节度使的任期越来越长,到最后就是无限期了。

光延长任期还不够,还要扩大管辖面积。早期一个节度使管辖的面积有限,这也是为了限制节度使的权力。但是战事紧张的时候,一场战争需要好几个辖区协作,辖区间容易扯皮,这会大大降低战斗力。再说如果遇到特别有能力的节度使,让他一个人只管理一片小辖区也浪费人才。所以到了玄宗后期,节度使管辖的面积越来越大。当时的河北地区局势特别乱,有个叫安禄山的节度使非常有能力,唐玄宗就让安禄山一个人兼任了三个辖区的节度使。到最后,这三个辖区的财政权、军权都归安禄山一个人掌管,任期还是无限的。那么实际上,安禄山就是这个地区真正的主人。[1]他的权力

---

[1] 《新唐书·兵志》:"及府兵法坏而方镇盛,武夫悍将虽无事时,据要险,专方面,既有其土地,又有其人民,又有其甲兵,又有其财赋,以布列天下。然则方镇不得不强,京师不得不弱,故曰措置之势使然者,以此也。"

已经比得上战国时期的一个大国诸侯了。

有大臣劝谏过唐玄宗，说安禄山的权力过大。唐玄宗也知道这是个问题，但他认为不会出事儿，安禄山肯定不会造反。

在唐玄宗的前半生里，他经历过一系列残酷的政治斗争，手下有无数的权臣起起落落。和他打交道的都是政治斗争的精英，是耍心眼儿的高人，他们每一次试图欺骗皇帝的阴谋最终都被玄宗识破。现在果然朝野安宁，国家空前强大，这不都"证明"了玄宗的能力确实远超常人吗？再加上皇帝身边的人几十年如一日地吹捧皇帝是千古完人，咱们就谦虚点儿，不说是古往今来第一人吧，至少也是当时最聪明的人吧？

所以玄宗觉得他不会看错人。而且安禄山十分会表演，甚至他可能真的对唐玄宗有一点儿感情。安禄山在唐玄宗面前表现得憨厚、可爱，像一个天真的孩子，所以唐玄宗一直觉得安禄山不可能造反。后来安禄山真的起兵造反，前线将领告急的文件送到唐玄宗手里的时候，唐玄宗还是不相信，觉得这是有人造谣中伤。

安禄山发动的叛乱在历史上称作"安史之乱"。叛军洗劫了洛阳和长安，唐玄宗被迫逃到四川。中原发生了旷日持久的大战，百姓既被叛军劫掠屠杀，也被唐朝政府反复搜刮。曾经"小邑犹藏万家室"的大唐盛世，打成了"人烟断绝，千里萧条"的惨烈世道，国力跌到了谷底。在历史节点上，安史之乱正好位于唐朝历史的中间，这场战乱把唐朝历史一分为二，前面是蒸蒸日上的繁华盛世，后面是在衰败中的勉力维持。

安史之乱的爆发不但有唐玄宗用人不当的偶然因素，背后也有深刻的社会危机：均田制和府兵制的崩溃，土地兼并严重，边境压力日益增大。即便安史之乱没有爆发，只要唐玄宗和他的继任者认识不到变更制度的问题，这些社会危机还会以其他的形式爆发出来，大唐盛世的美梦依旧做不了太久。

安史之乱持续了八年，打到最后唐军和叛军全都精疲力竭。叛军内乱不断，到了后期，一些叛军将领看到大势已去，干脆向朝廷投降。这种投降主要是名义上的：换上朝廷的旗帜，对朝廷的使者客气点儿，但不向朝廷上交赋税，朝廷也指挥不了他们。这些人有点儿类似当年的诸侯。

再者，唐朝后期没有能力应付战争，不得不增加节度使的权力。战争胜利后，这些节度使和朝廷之间形成了一种半服从的关系。节度使需要朝廷的承认和授权，朝廷需要节度使打仗。双方互有所求，因此办事的时候要顾及对方的想法，有事儿商量着来。

另外，节度使和节度使之间还有矛盾，有时还会发生争斗。因此从安史之乱后，唐朝长期处于"朝廷可以维持统治，但是全国不太稳定"的状态，小规模的冲突经常发生。

在这种情况下，出现了一种新的现象——"骄兵"。"骄兵"的意思是，军队里的士兵时常不听将领的指挥，威逼将领要这要那，甚至杀了将领取而代之。这种现象到唐代后期才开始出现，和军队的组织形式有关。

中唐前的古代军队，大致有两种模式。

一种是"家族模式"：士兵和将领之间有血缘关系，或者平时生活在一块儿，大家很熟悉，有感情，这样的士兵愿意服从将领。比如游牧民族部落制下的士兵、地主的私人武装、北朝府兵，都属于这种情况。

另一种是"兵农合一服役模式"：老百姓平时在家里种地，需要用兵的时候被政府临时征集起来,组成部队,交给将领指挥,服完兵役后,老百姓回到家里继续种地。这种模式下,士兵在家乡有家人,有土地,造反会有家破人亡的风险。因此只要不是被逼上绝路,他们不会轻易造反。秦汉时期的一些军队、唐朝的府兵大致属于这种模式。

而唐代中期普及的募兵制和以上模式都不一样,募兵制下的士兵属于"职业兵",当兵就是为了拿钱,做事倾向于"认钱不认人"。[1]再加上当时的士兵会把全家人带在身边,造反没有后顾之忧,家人甚至还会向士兵索要钱财,鼓动士兵造反。[2]

因此,骄兵哗变成了安史之乱后新的社会问题。安史之乱后,唐朝又维持了一百多年。唐朝灭亡后,中国进入五代十国时期。五代十国和东晋南北朝有点儿像,都是"有很多个割据政权,非常混乱"的时代。这两个历史时期都更替了五个王朝,可是东晋南北朝持续了二百七十二年,五代十国只有短短七十二年。换句话说,五代十国的朝代更迭更频繁,政治更混乱、更不稳定。不稳定的主要因素就是军事政变——有时是骄兵造反把将领干掉,有时是将领造反把皇帝干掉。这个时代无论谁手握大权,都觉得自己朝不保夕。

如果你是统治者,你觉得怎么做才能保住自己的权力呢?

---

[1] 张国刚:《唐代藩镇研究》,湖南教育出版社,1987,第111页。
[2] 胡如雷:《唐五代时期的"骄兵"与藩镇》,载《隋唐五代社会经济史论稿》,中国社会科学出版社,1996,第178—192页。

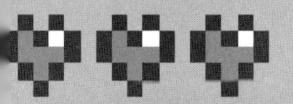

唐朝初年的宫廷政变

　　唐朝是个宫廷政变特别多的朝代，始作俑者是唐朝第二个皇帝李世民。

　　唐朝的开国皇帝是李渊，李渊晚年的时候，他的几个儿子因为继位问题产生了矛盾。二儿子李世民在皇宫的玄武门发动政变，杀死了自己的哥哥和弟弟，又带着军队威逼李渊退位。李世民政变成功后当上了皇帝，他就是唐太宗。

　　后来，在李世民晚年的时候，他的几个儿子又产生矛盾，他的太子也想发动政变，结果被李世民废掉。李世民对儿子们的斗争非常失望，他最后选了一个性格比较老实，没有什么势力的儿子李治当皇帝，这就是唐高宗。

　　唐高宗晚年生病不能处理国事。他的皇后武则天性格坚韧，有着极强的政治手腕。于是到了唐高宗晚年，国家大事都由武则天决断。武则天想要自己当皇帝，在唐高宗快驾崩的时候，她逼死了太子。高宗驾崩后，武则天又随意废立皇帝，大肆屠杀唐朝宗室和其他贵族。等到她觉得时机成熟了，自己登基称帝，改国号为"周"。

　　到武则天晚年，支持李氏王朝的大臣又发动宫廷政变，逼武则天退位，恢复了唐朝。武则天去世后，李唐皇族、武家势力、想做武则天第二的韦皇后和太平公主，他们之间又开始不断地进行政治斗争和发动宫廷政变。年轻的李隆基发动了两次宫廷政变，而且都取得了胜利，最终当上了皇帝，他就是唐玄宗。

　　唐玄宗统治时期政局还算稳定。但是到唐玄宗晚年，发生了安史之乱，他的儿子未经他同意擅自登基，严格来说属于造反。但是唐玄宗以大局为重，承认了儿子的登基，这才没有造成更大的内乱。之后唐朝宫廷还是接二连三地发生政变，很少有安稳的时候。宫廷政变多，是唐代制度的一大弱点。

假如你是房间里的国王

宋初制度

有一部奇幻小说叫作《冰与火之歌》，书里有一个关于政治权力的问题，我把它修改了一下：在一个房间里，有好几个权贵。房间的中间站着一个佣兵，手里拿着一把刀。房间里的权贵都想劝说佣兵杀死其他人，如果你也是其中一个权贵，你会怎么做呢？[1]

这个故事比喻的是权贵和军队之间的关系。军队可以杀人，每个权贵都不希望军队的刀指向自己，怎么做才能如愿呢？

想象一下，假如我们是房间里的权贵，我们会怎么做呢？

我们的第一反应可能是把那把刀夺过来。我自己掌握武力不就完事儿了嘛！

但这是做不到的。你可能听说过一个概念叫"邓巴数字"，意

---

1 《冰与火之歌·列王的纷争》书中的故事是："三位地位显赫之人坐在一个房间，一位是国王，一位是僧侣，最后一位则是富翁。有个佣兵站在他们中间，此人出身寒微，亦无甚才具。每位显赫之人都命令他杀死另外两人。国王说：'我是你合法的君王，我命令你杀了他们。'僧侣说：'我以天上诸神之名，要求你杀了他们。'富翁则说：'杀了他们，我所有的金银珠宝都给你。'请告诉我——究竟谁会死，谁会活呢？"

思是一个人在同一段时间里，能保持亲密关系的伙伴最多不超过150人。人数再多，我们的时间和精力就不够用了。这就意味着，一个人就算再有领导能力，他能直接管理的人也非常有限。领导如果想要管理成百上千的手下，必须把这些人分成一个个150人以下的小单位，让每个小单位由小领导代管。比如一个学校有几千人，校长不可能自己去管理所有的学生，他一定要把学校分成一个一个的班级，每一个班只有几十人，让老师分别管理这些班级。校长平时只管理老师，不管理具体的学生。

管理一支军队也是一样。一个将军可以统率几十万人，但是他真正熟悉的士兵很少很少，他平时只管理几十个高级将领。在这种情况下，皇帝怎么管理军队呢？按照古代的习惯，皇帝住在深宫里，保卫皇帝的士兵住在皇宫之外，皇帝和士兵平时根本见不到面。除了几个随身侍卫之外，皇帝和士兵之间就跟陌生人一样，谁也不认识谁。就算皇帝豁出去了，不住在皇宫而住在军营里，平时跟他亲密接触的将领、士兵也不过几百人。相比整个军队的规模，皇帝能直接控制的士兵太少了。

这就是为什么五代的时候总会出现骄兵，因为将军自己能直接管理的士兵人数很少。如果下面的士兵哗变，将军只能束手就擒。

那有什么别的办法吗？对了，骄兵想要的是钱啊。我是权贵我有钱，那我答应给他们很多很多钱，让他们听我的话不就可以了吗？

历史上五代的将军就是这么做的。因为募兵制下的士兵最在乎的是军饷，所以将领们笼络士兵最常用的手段就是大肆封赏。下级军官哗变的时候，常用的做法也是对士兵们说："某某将军那里有钱,跟我一起灭了他,我们分钱!"

那么,手里有钱就可以控制士兵了吗?

想象一下,如果我们是一个大富豪,对面是个认钱不认人的士兵。我们把钱给他就可以控制他了吗?更大的可能是被他抢劫了吧。

五代十国的时候,有一个皇帝想要派军队去平叛。但是军队不愿意去,皇帝为了讨好士兵,把国库里的钱搬空了来赏赐他们。赏赐完了,皇帝还怕士兵不满意,对士兵们说:"只要你们获胜归来,我还有好多钱赏你们,虽然国库空了,但是我可以把皇宫里面的衣服、宝物都拿出来赏你们!"结果士兵并不领情,一路上互相说:"到时候咱们还得找他多要!"[1]他们拿了钱后根本没有打仗,还没走到前线就跑光了。[2]

士兵跑光了,造反的将军打到首都,当上了新皇帝。等他当上皇帝后,干的第一件事就是到国库拿钱。因为他也许诺他的士兵打赢了要大肆封赏。可是国库里的钱都被上一个皇帝赏赐光了啊。这个新皇帝发现国库没钱就急了,命令大臣在全城搜刮老百姓,搜刮完了数量不够,又去拷打百姓索要钱财,结果还不够,又跑到后宫,拿出衣服首饰变卖。这么一番折腾后发现钱数还是不够,他手下的士兵就不乐意了,在城里骂:"没想到这个皇帝这么抠门儿,

---

1 《资治通鉴·后唐纪八》:"帝遣使召石敬瑭,欲令将兵拒之。义诚固请自行,帝乃召将士慰谕,空府库以劳之,许以平凤翔,人更赏二百缗,府库不足,当以宫中服玩继之。军士益骄,无所畏忌,负赐物,扬言于路曰:'至凤翔更请一分。'"《旧五代史·唐书·闵帝纪》:"乃出银绢钱厚赐于诸军。是时方事山陵,复有此赐,府藏为之一空,军士犹负赏物扬言于路曰:'到凤翔更请一分。'其骄诞无畏如是。"

2 《资治通鉴·后唐纪八》:"康义诚军至新安,所部将士自相结,百什为群,弃甲兵,争先诣陕降,累累不绝。义诚至乾壕,麾下才数十人;遇潞王候骑十余人,义诚解所佩弓剑为信,因候骑请降于潞王。"《旧五代史·唐书·康义诚传》:"及义诚率军至新安,诸军争先趋陕,解甲迎降,义诚以部下数十人见潞王请罪。"

早知道不换皇帝了，还是原来那个皇帝好！"[1]

所以您看，权贵手里有钱也没用啊。没有武力保护的交易不是交易，是勒索。权贵手上的钱再多，也不过是骄兵眼中的待宰羔羊。

让我们回到那个房间。假设我们现在是房间里的国王，可以暂时指挥面前那个手里拿刀的佣兵，但是他随时都有可能翻脸不认人，对我们拔刀相向。我们再好好想一想，怎么才能保证自己的安全呢？

只要佣兵手里拿着刀，他就可以随时用刀来威胁我们。所以唯一安全的办法是不让他拿刀。我们把刀拆成两半，再找一个佣兵，两个佣兵一人拿着一半。只有两个佣兵凑在一起，把刀拼好了，这把刀才能够伤人。如果我故意找两个关系不好的佣兵一人拿一半，那我不就安全了吗？

后周世宗柴荣就是这么想的。

在古代，军事政变的关键是驻扎在首都的中央军。只要中央军一造反，皇帝就完蛋了。于是柴荣把中央军拆成了两支部队，任命了两个将军，这两个将军之间的关系还不太好，这样谁都不能造反了。

---

[1]《资治通鉴·后唐纪八》："帝之发凤翔也，许军士以入洛人赏钱百缗。既至，问三司使王玫以府库之实，对有数百万在。既而阅实，金、帛不过三万两、匹；而赏军之费计应用五十万缗。帝怒，玫请率京城民财以足之，数日，仅得数万缗，……执政据屋为率，无问士庶自居及僦者，预借五月僦直，从之。……有司百方敛民财，仅得六万，帝怒，下军巡使狱，昼夜督责，囚系满狱，贫者至自经、赴井。……是时，竭左藏旧物及诸道贡献，乃至太后、太妃器服簪珥皆出之，才及二十万缗，……壬辰，诏禁军在凤翔归命者，自杨思权、尹晖等各赐二马、一驼、钱七十缗，下至军人钱二十缗，其在京者各十缗。军士无厌，犹怨望，为谣言曰：'除去菩萨，扶立生铁。'以闵帝仁弱，帝刚严，有悔心故也。"

后来柴荣去世，继位的皇帝岁数很小，其中一支中央军的将领赵匡胤开始动歪脑筋了。赵匡胤先找人散布假消息，说敌人大军入侵。朝廷当然很慌啊，赵匡胤就对朝中大臣们说："大家不用怕啊，多大的担子我来担！我带领中央军保卫国家。但是一支部队力量不够，两支中央军我都得带走抗敌。"

柴荣为了防止武将造反，规定武将出兵必须有朝廷的批准，负责批准的是文官。可这时朝廷里的一些文官已经被赵匡胤买通了。当时一众大臣听说大敌当前已经慌了神，再加上被买通的文官一撺掇，于是宰相拍了板，允许赵匡胤带着两支中央军去前线抗敌，跟赵匡胤关系不好的那个将军还留在了首都镇守后方。

于是赵匡胤带着部队离开了首都，没走多远，军队里的士兵就把事先准备好的黄袍披在赵匡胤的身上，拥戴赵匡胤当皇帝。赵匡胤带着军队杀回首都，当上皇帝，建立了宋朝。

对柴荣来说，"把刀拆成两半"的办法还是失败了。因为如果只把刀拆成两半，那有太多的机会把刀重新拼在一起了。因为军队是由人指挥的，只要是人就会有各种弱点。花言巧语也好，狡诈欺骗也好，今天搞不定明天继续搞，阴谋家总有得逞的一天。

赵匡胤是靠交朋友搞定这一切的。他刚刚进入军队的时候，就结交了很多"义兄弟"[1]，后来把其中一些人提拔到自己的军队里当中层军官。当上中央军的将领后，赵匡胤刻意结交其他将领，两支中央军中的很多中层将领都跟他关系很好。[2] 他也尽量笼络普通士

---

1 《宋史·李琼传》："挟策诣太原，会唐庄宗属募勇士，即应募，与周祖等十人约为兄弟。"

2 《续资治通鉴长编》卷四："上雅与延钊友善，常兄事之，及即位，犹呼为兄。"卷九："彦徽与上同事周世宗，上尝拜为兄。"《宋史·韩令坤传》："令坤有才略，识治道，与太祖同事周室，情好亲密。"

兵。[1]因为搞定了军中的人事，所以赵匡胤造反很顺利地成功了。

等赵匡胤当上皇帝后，他面临着同样的问题：如果他这么容易就能把拆成两半的刀合在一起，那别人照猫画虎怎么办呢？

更安全的办法，是把这把刀拆得再零碎一点儿。我们把刀拆成好多份，每份归不同的人管，每个人动用零件还需要上级批准。刀拆得越零碎，别有用心的人想要把刀拼在一起的难度就越高，高到某个限度，就很难有人再造反了。

就比如说指挥军队这件事，在宋朝，这件事是怎么办的呢？

首先，有一个武装部门负责军队平时的训练、生活，但是这个部门不能把军队带出营地。要想调动军队，需要有枢密院的命令。[2]但是枢密院的长官都由文官担任，他们和武将利益不一样，平时也不在一起工作。其次，指挥军队需要粮食和军饷，这些东西存在另外的仓库里，要想调用还需要额外的命令。[3]即便把军队调动出来了，平时管理他们的武将也不能跟着去打仗，需要朝廷安排另一个武将指挥。[4]武将带着军队去打仗了，仗还不能随便打，得按照朝廷制定的作战方案去打。[5]等仗打完了，武将把士兵们送回来，这些士兵就不再归他管理了。以上所有这些事情，还要受到监察部门的

---

1 《续资治通鉴长编》卷一："太祖自殿前都虞侯再迁都点检，掌军政凡六年，士卒服其恩威，数从世宗征伐，荐立大功，人望固已归之。"

2 《三朝北盟会编》卷一百九十九："兵符出于密院而不得统其兵，兵众隶于三衙而不得专其制。"赵汝愚《宋朝诸臣奏议》卷六十四："祖宗制兵之法，天下之兵本于枢密，有发兵之权而无握兵之重，京师之兵总于三帅，有握兵之重而无发兵之权。上下相维，不得专制。"

3 王曾瑜：《宋朝军制初探（增订本）》，中华书局，2011，第420页。

4 《宋史·职官志》："枢密掌兵籍、虎符，三衙管诸军，率臣主兵柄，各有分守。"

5 《续资治通鉴长编》卷三十："今委任将帅，而每事欲从中降诏，授以方略，或赐以阵图，依从则有未合宜，专断则是违上旨，以此制胜，未见其长。"

监督。这些监察部门每天不干别的事,就负责挑错。他们凭借毫无根据的传言就可以检举大臣,就算是诬告也不能被治罪。如果皇帝要他们说出消息来源,他们还可以拒绝回答。[1]

您看,在宋朝想要调动一支军队,中间需要经过多少人?如果现在有人想要发动军事政变,他必须收买国家所有的重要部门,此外还要笼络武将和士兵。可如果一个人真有能力把这些部门都搞定,那也不用搞什么政变,他直接就可以控制朝廷了。

"行路难,不在水,不在山,只在人情反覆间。"从历史的角度看,人心是不可靠的。精心设计的制度可以把个人的影响降到最低限度,宋朝就靠着这些制度维持了稳定。甚至某些时期,连皇帝本人都要受到制度的约束。

宋代皇帝的嫔妃也有等级,不同等级有不同的俸禄。宋仁宗的时候,很多嫔妃好久都没有提高等级了,她们缠着宋仁宗,让宋仁宗给她们升一下级别。按说这纯粹是皇帝的私事,可宋仁宗却回答说这事儿办不成,因为没有先例。嫔妃们不信,说:"你是皇上啊,你一句话不就是圣旨吗?"宋仁宗笑着说:"不信咱们就试试。"于是他写了一道命令交给政府部门。结果这道命令被官员退回来了,说没这规矩,执行不了。

这些嫔妃还没完,又缠着仁宗说:"那您别把命令交给政府部门,您直接给我们写一张任命书吧。"于是仁宗就拿纸写了一道升迁的命令,交给这些嫔妃。嫔妃们开心坏了,到了领俸禄的时候,

---

[1] 《续资治通鉴长编》:"许风闻言事者,不问其言所从来,又不责言之必实。若他人言不实,即得诬告及上书诈不实之罪,谏官、御史则虽失实亦不加罪,此是许风闻言事。"

她们拿着条子找到发俸禄的部门，要求多发点儿俸禄。结果这个部门根本不认，把条子退回来了——哪怕是皇上亲笔写的东西，不合规矩也不能执行。[1]

这个故事是宋代文人讲的段子，未必是真事。但是段子会反映时代背景。至少在宋仁宗时期，制度会对皇帝有一定的约束。如果连皇帝办一件小事都不能随心所欲，那武将、权臣想要越过制度当然更是难上加难。所以宋代几乎没有武将造反，后来的明清继承了宋朝的经验，武将造反的事也少之又少了。

当然，这么干会有代价。制度要遏制人心，但是事在人为。现在制度是稳定了，但办事的效率低了。本来一个有能力的人就可以干成的事，现在必须拉上八个庸才、六个浑水摸鱼的、两个想徇私枉法的凑在一起才能干，办事的难度大大增加了。宋朝在"稳定"这件事上做得很成功，但代价是行政效率严重下降。宋朝最终要为这个问题付出沉重的代价。

---

[1]《宋人轶事汇编》卷一引《清波杂志》《庶斋老学丛谈》："至和、嘉祐间，嫔御久不迁，屡有干请，上答以无典故，朝廷不肯行。或奏曰：'圣人出口为敕，批出谁敢违？'上笑曰：'汝不信，试降敕。'政府果奏无法，命遂寝。后又有请降御笔进官者，上取彩笺书某官某氏特转某官，众喜谢而退。至给俸日，各出御笔乞增禄，有司不敢遵用，悉退回。诸嫔群诉，且对上毁所得御笔，曰：'元来使不得！'上但笑而遣之。"

假如宋朝是一艘宇宙飞船

熙宁变法

假如现在是2300年，太阳即将急速膨胀，地球就要被太阳吞没。在这危急时刻，人类只能乘坐宇宙飞船逃离地球。我们聚集在太空飞船的发射场上，看着第一艘飞船起飞……砰的一声，爆炸了。第二艘飞船的工程师头上冒着冷汗，他仓促间修改了一些参数，起飞……砰的一声，又爆炸了。接着第三艘、第四艘、第五艘……虽然每艘飞船的工程师都拼命吸取前人的教训，急急忙忙地修补设备，可是连着五艘飞船都在起飞不久就爆炸了。下面，就要轮到我们乘坐的第六艘了。

我们都吓蒙了。这时候，我们这艘飞船的总工程师赵匡胤满身油污地从动力仓里爬出来，对我们说："放心吧！这回我弄了一台绝对稳定的发动机。我安装了好几倍的冗余零件，会多耗点儿燃料，但是肯定不会炸！"我们半信半疑，战战兢兢地进了飞船。飞船点火，起飞，晃晃悠悠地上了天了。眼看着地球离我们越来越远，我们松了一口气：至少眼下没有炸，这飞船确实比之前的安稳一点儿。

但是，这样的飞船就可以永远飞下去吗？

▶ 启航第一天：少了一台发动机

如果把大宋比喻成一艘宇宙飞船，它在启航的第一天就和别的飞船不一样。我们坐在船舱里刚松一口气，再仔细检查一下飞船，突然发现情况不对：这赵匡胤咋整的啊，咱们的飞船起飞的时候就比别人少了一台发动机！

和秦汉、隋唐相比，北宋的领土少了一大块，偏偏这块领土还非常重要。

这块领土在中国的北方，长城的边上，属于长城防御体系的一部分。长城不能光靠一道墙来防御敌人，还要有足够的常驻军队，以及大片田地供养这些军队。所以长城的边上有很多配套的军区。北宋缺少的是长城东部的一大片军区——大约在今天的北京、天津及河北、山西北部。这里有十六个军区，称为"幽云十六州"或者"燕云十六州"。这是防御北方游牧民族的重点地区，当年安禄山在造反前就负责防守这一带。就是因为唐玄宗知道这里太重要了，离不开有能力的将领，所以才不断重用安禄山，最后导致安禄山造反。

五代的时候，这片地区被一个叫作契丹的游牧民族占领了。契丹知道应该使用中原的制度统治农耕区，但是又不能像北魏孝文帝那样，一股脑儿地改动文化和制度，引起旧贵族的不满。于是契丹人采用"因俗而治"的法子，对不同地区的百姓使用不同的制度。对自己的游牧战士还是用过去的旧制度，对幽云十六州的百姓就用中原的新制度。[1]

这样一来，契丹统治者既获得了部落贵族的支持，又拥有了农耕地区的生产力，从原先以游牧为主的政权，变成一个游牧与农耕混合的政权。契丹族建立的辽朝成了北宋前期最强大的对手。

游牧民族最大的军事优势是机动性强，在马匹的帮助下，可以随意攻击防线上的任何位置，让防守一方疲于应付。为了抵消机动性不足的劣势，农耕民族要在漫长的防线上布置数倍的军队，才能保证防线没有弱点。这就是为什么很多王朝都要花大价钱修建长城，因为修长城的花费比维持庞大驻军的花费少多了。

但是现在辽国跨过长城，占领了幽云十六州。从幽云十六州往南可就没有长城了，而是一片平原，无险可守。再往南就是黄河，跨过黄河就是北宋的首都开封。辽国的大军进攻北宋变得更加容易，导致北宋王朝常年在边境驻守海量的军队，需要支付巨额军费。

另外，北宋的西北边还有一个叫西夏的政权，实力比辽国弱，但也一直给北宋带来军事压力。

也就是说，相比其他古代王朝，北宋缺了一大块重要的领土，失去了最容易防守的长城防线，军事压力成倍增长。如果我们把古代的王朝看成一艘宇宙飞船的话，北宋这艘飞船在起飞的时候就已经缺了一台重要的发动机，而且空缺处还在不断往下漏油。大宋王朝天生就要承受更重的经济负担。

---

1 《辽史·百官志》："至于太宗，兼制中国，官分南北，以国制治契丹，以汉制待汉人。"

▶ 启航第二天：机器越跑越慢

虽然缺了台发动机，但是至少能飞起来了，咱们就先凑合飞着呗。结果大宋这艘飞船飞了没多久，各项数据开始不断报警，出毛病的零件越来越多了。

为什么会出现这样的情况？前面说过，古代制度运行的时间长了，漏洞总会越来越大。如果是汉唐那样的王朝，早期国力强劲，有点儿漏洞也不会有太大问题。可是宋朝的开国者为了保证政权的绝对稳定，设计了非常复杂的制度，各种机关层层叠叠，做一件事需要好多个人批准，导致国家的运行效率一开始就很低。

打个比方说，大宋这艘飞船原本就是一大堆复杂的零件摞在一起，一开起来，就要比一般的飞船多耗费很多能源。而且起飞以后，零件之间磨损得还特别厉害，机器越跑越慢，眼看着再这么下去就飞不动了，得赶紧想辙啊。

于是人群里站出来两位工程师，一个叫王安石，另一个叫司马光。王安石是年轻新锐，干劲儿十足，他说这艘飞船从一开始设计的时候就有问题，得彻底重改。他设计了很多全新的零件，说只要把这些新零件换上，飞船立刻就能提速。

另一个工程师司马光老成持重。他说机器结构万万不能大动，这都是在实践中检验过的，能正常运转。现在随便动个零件，谁知道会引起什么连锁反应啊？我们只能小心维护，打磨零件的边角，吹吹缝隙中的灰尘，把渗漏的地方糊上一块防水胶。只要足够心细，这台机器还能崭新如初。

你觉得谁说的对呢？

以咱们的"后见之明"来看，两个人都有问题。

司马光的主张相当于不改变国家的制度，只靠局部的修补来解决问题。但是前面说过，真正能改变国家形势的是更换制度，而不是临时性的修补。当时宋朝发展的平衡已经快到极限了，而且漏洞越来越多。司马光的小修小补不可能改变这个趋势，大宋会继续走向崩溃。

但是王安石也有问题。王安石的主张，相当于要在宋朝实行一场大规模的制度改革，其中最重要的是经济领域，比如政府向老百姓提供小额贷款，用来提高整体的经济效率。可是王安石忽视了一条历史规律：在现实世界里没有经过大规模检验的政策，执行下去往往事与愿违。比如理论上能解百姓燃眉之急的小额贷款，最后变成了官吏上下盘剥的借口。这些政策不但没有解决效率问题，反而让百姓怨声载道。

我们今天回顾历史，有着前人的经验，知道两个方案都有问题，但是当时的宋人不知道。当时的官员分成了两派，大家都觉得自己这边是救国贤良，对方在祸国殃民。两派官员展开了激烈的斗争，只要不是站在自己这边的官员，就要想尽办法将其排挤出朝廷。这场斗争持续了好多年，到最后问题都没有解决，官员内斗却越来越激烈，国事更糟糕了。

这就好比在那艘宇宙飞船上，发动机已经咔咔作响，眼看就撑不住了，结果飞船上的技术人员分成两派开始吵架。大家吵到最后都红了眼，吵的已经不是"怎么把发动机修好"的技术问题，而成了"你屁股歪了，我一板子敲死你为民除害"的私人恩怨。工作人员打成一团，这艘飞船还能修好吗？

不过飞船漏油是慢性问题，按照当时的情形，大宋这艘飞船还可以支撑好一会儿。可是接下来，大宋遇见了一件更糟糕的事。

启航第三天：舰长瞎指挥

宋朝有好多用来保证国家稳定的制度。其中有一些制度是用来防范皇帝的，比如前面提到过的，宋仁宗下的命令如果不符合制度，官员可以拒绝执行。但是皇帝毕竟是理论上权力最大的人，如果碰上特别任性的皇帝，铁了心要按照自己的想法办事，大臣们也没有办法。比如皇帝可以把拒绝自己命令的官员都撤职，把迎合自己的人都提拔上来，假以时日，最后就没人能限制皇帝了。因此还要有更多的办法限制皇帝。在北宋，这个办法是"祖宗之法"。简单地说，就是皇帝要遵守前辈皇帝们的做法，不能跟自己的祖宗差太多。[1]

但是王安石改革要废掉旧制度，要破坏的恰恰就是"祖宗之法"。[2]后人把王安石的政治主张总结成了三句话："天变不足畏，祖宗不足法，人言不足恤。"[3]其中"祖宗不足法"的意思就是不用一味遵守"祖宗之法"。等王安石和司马光的争论尘埃落定后，王安石的主张皇帝没听进去，不用一味遵守"祖宗之法"倒是往心里去了——自己想干吗就干吗多好呀！

于是到了宋徽宗的时候，大臣没法儿再限制皇帝了。偏偏宋徽宗还是个极端自私、胆小、无能的皇帝。他重用谄媚自己的蔡京、童贯等奸臣，大肆建造亭台楼阁，还从全国各地搜刮珍贵的奇石花木填充自己的花园，让大量百姓家破人亡。宋江和方腊就是在这个

---

[1] 邓小南：《祖宗之法：北宋前期政治述略》，生活·读书·新知三联书店，2006，第1页。
[2] 陈振：《宋史》，上海人民出版社，2003，第210页。
[3] 这句话最初是批评王安石的人所说，但是王安石并不反对后两句。

时期起义的。如果仅仅是这样，宋徽宗还不至于成为亡国之君。但是后来，因为宋徽宗和他的儿子昏庸无能、崇信妖道，北宋都城在金兵的围攻下一触即溃。宋徽宗父子以及绝大多数的皇亲国戚、官员、工匠和大量妇女被掳掠到北方，受到了非常残酷的折磨。无数百姓家破人亡，妇女儿童惨遭蹂躏。北宋灭亡，史称"靖康之变"。

靖康之变后，宋徽宗的另一个儿子——宋高宗赵构在应天府称帝，史称"南宋"。但宋高宗昏庸怯懦，一味求和，致使宋朝失去了半壁江山，只能偏安江南一隅。尤其让人愤恨的是，在岳飞进军中原形势一片大好的情况下，宋高宗和秦桧强行命令岳飞退兵，用"莫须有"的罪名冤杀了岳飞，同金国和谈。到了南宋，国家的领土更少，经济压力更大。这时又赶上蒙古汗国崛起，蒙古大军横扫欧亚大陆，南宋军民经过顽强的抵抗，最终还是丧失了全部的国土。

宋朝灭亡后，中国进入了元朝。

为什么唐宋不修长城？

在古代，花大精力修建和维护长城的主要有秦、汉、明三代。

元朝和清朝不修长城，是因为这两个王朝的疆域跨过了长城，深入草原，没有修建长城的必要。

唐朝不修长城，是因为唐朝前期对草原采取攻势。而且隋唐皇室有鲜卑血统，前期的统治风格里有不少游牧民族的影子。唐代前期的统治者试图整合农耕文明和草原文明，把影响力深入草原，而不是进行简单的军事防御，因此没有修建长城。[1]唐朝后期国力衰败，就算有修建长城的想法，也没有修建的能力了。

比较特殊的是宋朝。宋朝没有幽云十六州的屏障，自然不能恢复原先的长城防线。但是宋朝既然在和辽、金的对峙中耗费了大量的兵力，那为什么不在边境上修建一座新的长城呢？

这和长城的军事原理有关。

长城不能光靠一道墙阻挡敌军，长城的主要作用是削弱游牧民族的机动优势。游牧民族进攻到长城边上的时候，会暂时停下来。长城上放哨的军人通过烽火台通知附近的驻军，驻军有时间集结反攻。因为长城大都修建在崇山峻岭上，游牧民族如果想换个地点继续进攻，就要绕行山路，移动速度就慢下来了。如果长城建在平原上，游牧民族的军队看到守军集结了，就可以利用马匹快速移动，换个地点再进攻，原本的机动优势并没有被减弱多少。由于宋朝和辽、金之间的边境缺少山脉，因此修建长城的性价比太低了。宋朝曾经想利用密集的河流水网以及大量植树来阻滞敌军，但是效果并不好。因此宋朝君臣一直对收复幽云十六州念念不忘。

---

1 李鸿宾：《唐初弃修长城之检讨》，《民族研究》2015 年第 3 期。

假如皇帝加歪了属性点

元明制度

仔细想一想,咱们之前扮演的皇帝好像没有一个活得顺心的,天天辛辛苦苦处理国事,结果还是跳不出历史规律,国家还是会出现各种毛病。这和我们印象里的皇帝好像不太一样啊。不是说当皇帝特别爽,想干什么就干什么吗?为什么咱们就不能这么干一把呢?这一次,咱们就来当一回肆意妄为的皇帝。咱们不管什么历史规律不规律的了,彻底胡来一次吧。

其实我们玩电子游戏的时候经常这么干。有时我们玩游戏会故意剑走偏锋,用一些极端操作检测游戏系统。比如,在可以自由加属性点的游戏里,我们故意只给角色加一种属性,如只加"攻击"或者只加"灵敏",这样会打造出什么奇怪的角色呢?这种奇怪的玩法有时能帮我们打开思路,看到游戏系统的另一面。

而且,在中国历史上确实有一些统治者尝试过这类"极端玩法"。王莽干过,元朝和明朝初年的统治者也这么干过。而且元明两代统治者的"游戏风格"正好相反,他们的极端操作会把中国带到什么地方去呢？

▶ 极端操作：把属性点都加在武力值上

咱们先来看看如果统治者把属性点都加在武力值上，除战斗之外，别的事情一概不管，天下会变成什么样。

南宋中叶，蒙古人在草原上崛起，他们特别擅长打仗，很快建立了人类历史上最庞大的帝国。在西边，蒙古汗国打到了欧洲；在西南，打到了中亚；在东边，征服了南宋。

几乎所有占领中原的游牧民族都知道应该使用农耕文明的制度，宋朝时的辽国和金国都是这么做的。可是蒙古人不这么干。蒙古军队的战斗力太强，征服的领土太多，他们认为自己是来享用财富的统治者，并不需要学习被征服地区的文化。

早期占领中原地区的蒙古统治者叫窝阔台。在刚刚占领农耕区的时候，就有蒙古贵族建议他杀掉所有农耕地区的百姓，毁掉农田变成草原，这样蒙古人就能在长城以南继续放牧了。幸亏窝阔台身边有个叫耶律楚材的儒家大臣，劝窝阔台不能这么干："留着百姓可以收税，这样收益更高啊。"听了这话，窝阔台还是半信半疑，让耶律楚材先收个税试试。[1] 后来税果然收上来了，窝阔台很惊讶，他对耶律楚材说："你并没有离开我的身边，怎么就能够让钱粮这

---

[1] 《元文类·中书令耶律公神道碑》："自太祖西征之后，仓廪府库无斗粟尺帛，而中使别迭等言曰：'虽得汉人亦无所用，不若尽去之，使草木畅茂，以为牧地。'公即前曰：'夫以天下之广，四海之富，何求而不得，但不为耳，何名无用哉！'因奏：'地税、商税、酒醋盐铁山泽之利，周岁可得银五十万两，绢八万匹，粟四十万石。'上曰：'诚如卿言，则国用有余矣。卿试为之。'"

样流入我的手中呢?"[1]——你看,在当时蒙古统治者的心里,财富只能靠放牧和掠夺获得,根本不知道还能靠官僚机构收税。

窝阔台见到耶律楚材让他"躺着就能赚钱",非常高兴,就开始重用耶律楚材。但是窝阔台并不知道官僚机构到底是干什么用的,以及它对统治有什么好处。在窝阔台看来,这就是一个方便的收钱工具,唯一的好处是能比过去拿到更多的钱。既然他心里想的只是钱,那自然是钱越多越好啦。

于是几年以后,有一个西域商人找到窝阔台,让窝阔台把收税的工作交给他,承诺能让窝阔台的税收翻两倍。

看上去,这个西域商人和耶律楚材的区别只是税收多少不一样,但其实两个人的做法有本质区别。耶律楚材要建立一套完善的官僚制度,尽量按照每户百姓的实际收入把钱收上来。国家掌握的税收数字越精确,在地主和官僚经手的中间环节流失的钱就越少,国家的政权就越稳定。

但是西域商人要求朝廷给他收税的特权,作为回报,他每年给朝廷上交固定数额的税款,剩下的税款都是他自己的。他具体从老百姓的身上收了多少税,朝廷根本不管。这种模式叫作"包税制",就是把税收这件事包给私人。

显然,这种模式对国家的损害太大了。包税人为了赚钱,肯定会用尽一切手段压榨老百姓,但是他压榨老百姓,朝廷的税收却不会增加。等把老百姓都逼得造反了,包税人自己卷钱走了,国家却要灭亡了。

---

[1] 《元文类·中书令耶律公神道碑》:"辛卯秋八月,上至云中,诸路所贡课额银币,及仓廪米谷薄籍,具陈于前,悉符元奏之数。上笑曰:'卿不离朕左右,何以能使钱谷流入如此,不审南国复有卿比者否?'"

但是这个模式对统治者也有一个"好处",就是省事。不需要建立复杂的官僚机构,不需要筛选官员处理政务,不需要每天批改海量的文件,只需要写一份任命书,金钱就能按时进入自己的口袋,这多逍遥自在呀!

窝阔台不懂得关于官僚机构的各种道理,他只觉得包税制既省事、拿的钱又多,真好!最终窝阔台重用了那个西域商人,抛弃了耶律楚材。[1]

窝阔台之后的蒙古统治者想法也类似——治理国家有什么好玩儿的啊?我们才不干呢!甚至有的统治者会在一张空白的纸上盖上大印,把这张纸直接交给那个西域商人,让他想颁布什么政府命令就自己写什么。[2]

您看,为了追求省事,蒙古的统治者已经做到了极致。只要能收钱又不干活儿,别人爱怎么折腾国家就怎么折腾。这是蒙古统治时期的特点:"粗放"。这个风格一直持续到元朝灭亡。

耶律楚材在世的时候,他服务的政权叫作"蒙古汗国"。后来蒙古汗国分裂成好个巨大的汗国。其中东部汗国的统治者忽必烈按照中国传统习惯,把国号改成"大元",这就是元朝。简单地说,成吉思汗建立的蒙古汗国是个横跨欧亚的大帝国,这个大帝国东边的部分,后来变成了元朝。

相对于原来那个横跨欧亚的大帝国,元朝的经济重心是长城以南的农耕地区,因此元朝的统治者比前辈更愿意学习农耕地区的制度。但是整体来说,元朝的统治还是很粗放:表面上学了很多,但

---

[1] 刘晓:《耶律楚材评传》,南京大学出版社,2001,第148页。
[2] 《元文类·中书令耶律公神道碑》:"时后已称制,则以御宝空纸付奥都剌合蛮,令从意书填。"

是执行起来还是不彻底。

比如元朝建立了户籍制度，会按照户籍收税。但是在正常的税收之外，不少蒙古贵族会雇用西域商人向老百姓放高利贷。这些商人因为有贵族撑腰，可以随意盘剥老百姓。这种在正常官僚机构之外的敛财行为当然会严重损害国家的利益。但是蒙古贵族觉得这样做既省事又能来钱，挺好。

另外，元朝在很多地方还保留了一些草原上的旧制度。比如元朝贵族的地位很高，可以不听皇帝的话。皇帝为了得到贵族的支持，就延续过去的老办法，靠封赏来笼络贵族。皇帝隔三岔五就要拿出很多钱来赏赐，这些赏赐在国家财政中占了很大一部分。因为赏得太多，国家不堪重负，皇帝就会重用会敛财的大臣，变着法儿从老百姓手里捞钱，国家的经济就更糟了。

但是就像五代十国时的封赏不能换来骄兵的忠诚，元朝皇帝就算赏光了国库，也不能保证国家的稳定。元朝内部经常发生政变，曾经在短短的几年里连续换了好几个皇帝。每个新皇帝上台后又要大肆封赏一回。似乎这个国家正经事儿没有，一天到晚光打架和分钱了。

可想而知，元朝的统治要比其他王朝更差，经济崩溃得更快。中国古代的大王朝一般可以持续三四百年，可是元朝不到一百年就撑不住了。国库没有钱了，朝廷就乱印纸币，这仍旧是图省事赚快钱，但是滥发纸币会造成恶性通货膨胀，经济崩溃的速度更快。于是各地的百姓起来反抗，元朝被朱元璋等起义军推翻了。

显然，元朝这么"极端操作"不会有好下场。

▶ 极端操作：把属性点都加在控制力上

明朝的开国皇帝朱元璋则走向了另一个极端。

在中国几个大王朝的开国皇帝里，朱元璋的出身是最差的。朱元璋原本是元朝的普通农民，一家人生活在极端贫困中。朱元璋17岁的时候遇到大饥荒，家里人差不多死光了。朱元璋到各地流浪、乞讨了三年多。后来他加入起义军，慢慢积累战功，最后成为起义军的首领，推翻了元朝，当上了皇帝。可以说，朱元璋的一生是标准的"逆袭爽文"。

朱元璋这一生独特的经历，让他对世界的了解和其他皇帝不一样。从秦朝以后，中国古代的统治者就对基层采取"大事要管，小事不太管"的原则，很多管理百姓的权力都下放给基层官吏、地主和大家族的族长，只要不闹出大事来，他们爱怎么办就怎么办，朝廷不闻不问。元朝又是一个管理特别粗放的王朝，各级管理者肆意行事的空间更大。于是，朱元璋在年轻的时候体验到的，是一个基层官吏、地主胡作非为的世界。朱元璋亲眼看到这帮人怎么上下其手、荼毒百姓、欺瞒朝廷，因此等朱元璋自己当上皇帝后，采取了另一种"极端操作"：他把所有的属性点都加在"控制力"上，用尽全部的力量，要把全国所有人都严格地管起来，建立一个永远凝固不变的王朝。

朱元璋建立了中国有史以来最严密的户籍制度，户籍的内容非常详细，不仅包括人口的情况，还包括田地、房屋、牲畜等财产信息。所有经手的官员都要签字，再派另一个系统里的官员定期抽查，如果出现疏漏，经手的官员一个都跑不了。这些数据全部汇报到朝廷，理论上帝国内每一个人、每一寸土地的数据，都被朝廷掌握着。

光有百姓的数据还不够，要是统计完数据，老百姓跑了怎么办？所以朱元璋还规定老百姓不能随便移动。百姓要想离开家乡必须向地方官申请，有了批条才能出门，否则就是犯罪。另外，老百姓也不能随便换工作，朱元璋规定每一户百姓世世代代只能干同一种职业。就算是种地，地里种什么农作物也有详细规定。如果你说："那我耍赖不干活儿还不行吗？"不可以，偷懒属于犯法，会被流放。甚至老百姓住多大的房子，穿什么衣服，戴什么帽子，梳什么发型，喝酒的时候用什么样的酒壶，朱元璋都要规定。虽然实际上官府很难监督，但是朱元璋就想把全天下的每个细节都管起来，恨不得他的臣民就跟电脑游戏里的角色一样，绝对服从管理。

当然，朱元璋规定得再细，这些命令还是需要一个个具体的官吏去执行。只要是由人来做这些事，就会有人钻空子，所以朱元璋对各级官员严加防范。

有这么一个例子。当时各地的官府每年要派人到中央汇报经济数据。要汇报的数据特别详细，出现一点儿错误就要打回去重做。重做数据倒没什么，关键是需要在做好的数据上盖地方部门的章。可是古代交通很不方便，如果文件到了首都发现有错，改好数据，再把文件拿回本地盖章，一来一回要花费很多时间。有的地方离首都远，来回甚至得花一年多的时间，等改完数据第二年的核查都结束了。因此当时很多到中央汇报数据的官员都会随身带一份提前盖好章的空白文件，如果发现数据有错，直接重写一份就行。而且不用担心有人会用这份空白文件干别的，因为盖的是"骑缝章"，也就是盖在两张纸的中间，这样的文件无法挪作他用。所以当时很多人都这么干，连中央官员都默许了。

结果有一次朱元璋偶然知道了这件事，大发雷霆。他下令把各地管理印章的人全部杀死，一下子就杀了很多官员，还处罚了很多人。[1]

这些官员其实没干什么伤天害理的事，朱元璋为什么反应这么激烈呢？他生气的是那些官员竟然敢钻空子。朱元璋想用严刑和屠杀告诫官员：一点儿错都不能犯，一点儿漏洞都不能钻。

朱元璋发动了好几次大案，罗织罪名屠杀各级官员，每个大案都要杀掉好几万人。当年跟朱元璋一起打天下的功臣、早期提拔的高官几乎被屠戮殆尽。杀到最后，官员实在不够用了，有些官员要戴着枷锁到官府里办公。据说有一段时间，京城官员每天早晨上朝前要和老婆孩子诀别，晚上平安回家则和家人庆祝，庆幸全家又多活了一天。[2]

朱元璋还喜欢使用间谍，让间谍刺探百官的一举一动。一个官员因为每天早起上朝太辛苦，回到家里随口吟了一首小诗抱怨了一下。结果第二天见到朱元璋的时候，朱元璋把这首诗当面念了出来，然后把这个人开除回家了。[3] 又有一回，朱元璋问一个大臣，昨天在家里请客吃饭了吗？客人是谁啊？吃的是什么菜啊？那人一一

---

[1] 《明史·郑士利传》："凡主印者论死，佐贰以下榜一百，戍远方。"
[2] 赵翼《廿二史札记》卷三十二引《草木子》："明祖惩元季纵弛，特用重典驭下，稍有触犯，刀锯随之，时京官每旦入朝，必与妻子诀，及暮无事则相庆，以为又活一日。"
[3] 叶盛《水东日记》："临安钱宰予，……公退微吟曰：'四鼓冬冬起着衣，午门朝见尚嫌迟。何时得遂田园乐，睡到人间饭熟时。'察者以闻。明日，文华燕毕，进诸儒，谕之曰：'昨日好诗，然曷尝嫌汝？何不用忧字？'宰等悚愧谢罪。后未几，皆遣还，宰以国子博士致仕。"

回答后，朱元璋笑着说："你果然没有骗我。"[1] 又有一回，朱元璋问一个大臣，你昨天为什么生气？说着拿出一张画，画的就是那个大臣生气的样子。[2] 如果朱元璋知道后世有一种叫作照相机的东西，想必一定相见恨晚吧。

朱元璋是个管人管上瘾的皇帝，他希望通过制定种种繁杂的规定，让天下能够永远固定下来。帝国的万事万物永远不变，也就不会灭亡了。

想得美。

朱元璋可以杀掉任何他想杀掉的人，但是他没法儿违背历史规律。

朱元璋疑心一切外人。他不顾群臣的反对，坚持把子孙封为藩王，认为只有自家人才信得过。可是等他一死，他的儿子朱棣立刻造反，推翻了他生前指定的继承人。

朱元璋认为宰相权力过大，撤掉了宰相的职务，把宰相的工作揽过来自己做。可是他的子孙嫌这么工作太辛苦，还是起用了秘书班子分担自己的工作。时间长了，这个秘书班子就成了新的宰相。

朱元璋严禁宦官干涉朝政。但是他的子孙觉得在深宫中批改文件太累，就让识字的宦官代笔批改文件。时间一长，这些宦官的权柄越来越大，有的甚至专擅朝政、只手遮天。

朱元璋对官员极为严苛，稍微犯错就大肆屠杀，但是临时性的

---

1 《明史·宋濂传》："尝与客饮，帝密使人侦视。翼日，问濂昨饮酒否，坐客为谁，馔何物。濂具以实对。笑曰：'诚然，卿不朕欺。'"
2 《明史·宋讷传》："帝使画工瞷讷，图其像，危坐，有怒色。明日入对，帝问：'昨何怒？'讷惊对曰：'诸生有趋跄者，碎茶器。臣愧失教，故自讼耳。且陛下何自知之？'帝出图。讷顿首谢。"

杀戮如同当年的酷吏一样,只能震慑一时,不能真正改变形势。明朝的官员并不比其他王朝更廉洁,糊弄皇帝、欺凌百姓的事仍旧层出不穷。

更关键的是税收。

朱元璋设计了非常细致的户籍制度,要求各级官员及时检查、修正数据。但是到了明朝中期,地方官员开始造假数据。他们自己手上有一份真正的土地数据,但是不会交给朝廷,而是另外造一份假的上交。甚至后来连假文件都懒得编,每次需要更新数据的时候直接照抄上一次的,甚至会提前抄出好多年的。到了这个时候,朱元璋设计的制度已经失去作用了。后来有个叫张居正的大臣搞了制度改革,重新清丈天下土地,才把局面稍微挽回了一些,但这些都和朱元璋的设计无关了。

除了制度必然会出现漏洞,还有一个朱元璋无法阻止的是经济的发展。古代中国的经济重心是农业,但当时还有一种生产方式也能创造巨大的利润,就是海外贸易。宋代的时候,海外贸易已经很发达了,到了明朝中后期,欧洲的航海技术突飞猛进,进入了"大航海时代"。大量的欧洲商人涌入中国沿海买卖货物,这些往来的商船创造了巨大的经济效益。

当时,中国的东南海域是一个重要的贸易区。因为这片海洋一边是中国,一边是日本,一边是东南亚地区,而且这里还有很多远道而来的欧洲商人。各种商品在这里汇集,在这个地区做买卖的利润非常大。比如商人只要把中国南方生产的丝运到日本,就可以赚到十倍的利润,这可比当大地主赚钱多了。

但问题是,朱元璋想要建立一个永远凝固不变的社会。因此他非常痛恨商人,因为商人到处流动,很难被国家控制。所以明朝一直限制海外贸易,商人只能在规定的港口和官府做买卖。后来因为有日本商人在中国烧杀掳掠,明朝政府干脆禁止了一切海外贸易。

禁止海外贸易的结果,是走私的利润变高了。而且古代总有逃亡的老百姓,有的是因为犯了法,有的是为了逃避赋税。内陆地区的百姓一般会逃到深山、树林里,沿海的老百姓一般就往海外跑。[1]现在逃亡的百姓一看走私的利润这么高,那不如干走私啊。反正也是犯法,走私赚得还多呢。

所以明朝禁止海外贸易后,在中国的东南沿海出现了大量走私商人。这些商人赚得多,干的又是犯法的买卖,所以他们手下有很多士兵,甚至有大型军舰。他们不光做买卖,还会趁机烧杀掳掠,既是商人又是海盗。

我们在讲游牧民族的时候说过,大部分时候,贸易比互相抢来抢去更划算。而且海外贸易的利润远远高于长城南北的贸易,所以那些海商对贸易更感兴趣。他们很多人是明朝人,跟部分沿海地区的百姓关系很不错。一些百姓愿意和这些商人合作赚钱,甚至有身份的大地主还会帮他们储存货物、打掩护。海商来到这些地区就像回到老家一样。[2]

可是明朝的政府不乐意啊。一方面,海禁是朝廷定下的国策,

---

[1] 《福建通志·台湾府》:"海寇有冤抑难伸愤而流于寇者,有货殖失计困而营于寇者,有功名沦落傲而放于寇者,有佣赁作息贫而食于寇者,有知识风水能而诱于寇者,有亲属被拘爱而牵于寇者。诸如此类,不无可矜。"

[2] 《筹海图编》卷十:"海上番船出入关无盘阻,而兴贩之徒,纷错于苏杭。近地之民,至有成时鲜、成酒米、献女子者。自隔黄岩屠墦衢,而其志益骄。其后四散劫掠,各通番之家,则不相犯,人皆竟趋之。杭城歇客之家,贪其厚利,任其堆货,且为之打点护送。如铜钱用以铸铳,铅以为弹,硝以为火药,铁以造刀枪,皮以制甲,及布帛丝棉油麻酒米等物,无不资送接济,而内地之人,无非倭党矣。"

不能轻易撼动；另一方面，那些海商也确实干过不少杀人劫掠的坏事，所以明朝的军队花了很大力气跟这些海商打仗。

这个仗的打法，很像中原军队跟游牧民族的战争：

中原军队打游牧民族的时候，打到农耕地区的边缘之前都很顺利，再往草原里打就费劲了。因为游牧民族的骑兵往草原深处一撤，中原军队就找不到对手了。

和海商打仗也是类似的情况。陆地附近的战斗都好打，但是这些海商被打急了就往大海深处跑。他们在日本和东南亚都有基地，一旦吃亏就跑到海外的基地里，明朝军队就没辙了。

更重要的是，这些海商可以通过贸易获得源源不断的收入，他们在海外基地休养生息，建造大军舰后又能打回来。可是明朝军队的钱粮全靠百姓种地支持。明朝百姓在田地里辛辛苦苦一整年，上交的粮食要分出大头儿给王公贵族享用，剩下一点儿拿出来打仗。最后到军队手里的这点儿钱还比不上人家海商出海运一趟货物的利润，你说这仗怎么打？

于是打到最后，明朝耗费了大量的军费却解决不了海商的走私和海盗的侵扰问题，当国库捉襟见肘的时候，朝廷不得不宣布解除海禁，这样既省去了军费又能从贸易中抽税。于是到了明朝后期，海禁解除，中国东南地区的对外贸易迅速发展起来。尤其是丝绸业非常发达，出现了很多大商人。可是明朝的制度都是朱元璋为了凝固的社会设计的，商业发达后没有配套的管理制度跟上，结果大量的财产没有进入国家的口袋里，而是被各种各样的人瓜分了。

这就是另一种"极端操作"的结果。朱元璋刑罚严酷，精力旺盛，喜欢事无巨细地管理天下。在他活着的时候，天下似乎真的按照他的意志运转。但是等他去世以后，历史又会回到原先的轨道上。因为地方官员和地主不断钻漏洞，因为商业的发展，明朝对基层的管理越来越弱。到了明朝末年，官员和地主手里握着大笔的财富，而朝廷入不敷出经济崩溃。这时的明朝离灭亡已经不远了。

假如你是心系国家的明朝大臣

明代皇权

古代的皇帝把天下看成自己的私产。照理说，皇帝为了自己的财产与安全考虑，当然要监督百官勤奋工作，谁都不许偷懒。可是明朝出现了奇怪的现象：有不少明朝皇帝非常懒散、任性，哪怕把天下败光了他们也不在乎，反正就是不想干活儿。可大臣们反倒非常积极，天天拉着皇帝的袖子说："您别躺着了，我求您了，咱们赶紧起来工作呀！"

为什么会出现这种奇怪的现象呢？这还要从朱元璋说起。朱元璋这人太豪横了，他认为皇帝就应该至高无上，不允许有任何人挑战他的权威。当时孟子的地位很高，但是《孟子》这本书中有很多限制君权的思想。比如有一句说的是：君主如果把大臣看成泥土小草，大臣就可以把君主看成仇敌。[1] 据说朱元璋看到这句话后勃然大

---

[1] 《孟子·离娄章句下》："君之视臣如手足，则臣视君如腹心；君之视臣如犬马，则臣视君如国人；君之视臣如土芥，则臣视君如寇雠。"

怒，认为孟子大逆不道。他让大臣把《孟子》中藐视君权的内容都删了，出了一本删节版的《孟子节文》。[1]

在宋代，除了宋朝初年外，皇帝基本不杀文官，也不会打骂文官。宋朝文官反对皇帝，最惨的下场不过是丢官流放。但是明朝的皇帝可以让文官罚跪、受杖责，把文官关进监狱，折磨死几个文官是很容易的事。明朝的皇帝如果真正铁了心要胡作非为，大臣是没有什么好办法的。

幸好明代有一批不怕死的读书人。当时读书人大都相信一门叫作"理学"的学说。这门学说认为儒家道德是永远不会磨灭的真理，哪怕宇宙毁灭了，儒家精神都会永远存在。践行儒家道德是人生最高级的追求，凡是能够做到这一点的人，他的精神就能永存。在这种精神的鼓舞下，生死就不算是什么大事了。

当然，真正能牺牲自己的古人还是少数。大多数古代官员盼望的是"既对得起良心，自己也能过舒坦日子"，他们做好事的前提是不伤害自己的利益。还有一些古人自诩正义但也没少干坏事，因为他们相信"举大事者不忌小怨"，正义的事业要靠无数人的鲜血铸成。就算是那些真正践行儒家道德的人，他们的行为在我们今天看来也值得商榷：他们剥削百姓，靠百姓的血汗过奢侈的生活；他们欺压妇女，鼓吹三从四德；他们党同伐异，将不认同自己的人一律斥为道德败坏。——但是，毕竟最后这种人还算是理想主义者，他们把道德置于个人得失之上，愿意为了心中的理想和皇帝发生冲突。有他们在，明朝的那些胡闹皇帝才能稍微收敛一点儿。

不过，他们能做的事终究有限。

---

[1] 《明史·钱唐传》："帝尝览《孟子》，至'草芥''寇仇'语，谓：'非臣子所宜言'，议罢其配享。诏：'有谏者以大不敬论。'……然卒命儒臣修《孟子节文》云。"

这事儿还是跟朱元璋的霸道有关。当年朱元璋为了独揽大权，撤掉了宰相的职位，皇上直接向国家的各个部门下命令，亲自指导具体工作。后来的明朝皇帝嫌这么工作太辛苦了，于是起用一些文官当他的秘书。这些文官所在的部门叫作"文渊阁"。在古代，和皇帝有关的机构一般都加上一个"内"字，比如皇宫也叫作"大内"。所以"文渊阁"又称为"内阁"。

"内阁"是个秘书机构，六部送上来的文件，内阁先帮皇帝看看，写下对这些文件的处理意见，然后把这些意见送进皇宫。皇帝对这些意见进行批改，皇帝表示同意的文件，就作为正式的命令下达六部。因此在形式上，内阁大致相当于过去的宰相，但实际的权力要比宰相小。因为在制度上，内阁不是正式的管理结构，六部没有义务向内阁汇报，也不一定非要听内阁的指挥——六部要的是皇帝的圣旨。因此只要皇帝愿意，完全可以绕开内阁，自己写道命令交给六部执行。也就是说，内阁只是在皇帝懒得处理朝政的时候，代替皇帝干活儿的苦力机构，只要皇帝稍稍动一下小手指头，立刻就可以架空内阁。[1]

在这种情况下，当内阁和皇帝意见不统一时，就没有什么能真正制衡皇帝的办法了。大臣们唯一能做的就是用嘴劝。反正从根本上说，大臣和皇帝的利益是一致的，大家都是为了大明朝江山永固。哪怕再混账的皇帝，他也不愿意把自己的国家败光了吧？

可是，万一这皇帝真就是个犯浑的主儿呢？

明朝中叶的"正德皇帝"就是这么一个家伙。他的脑筋里只有

---

[1] 白钢主编，杜婉言、方志远著《中国政治制度通史 第九卷 明代》，人民出版社，2011，第90—91页。

一件事——玩儿。

这位正德皇帝不知道跟古罗马有什么缘分,他的好多玩法都跟古罗马贵族不谋而合。古罗马贵族嗜酒,正德也喜欢狂喝滥饮,常常喝到醒不过来。[1] 古罗马贵族喜欢斗兽,正德也喜欢养老虎、豹子,还因为逗弄猛兽受过伤。[2] 古罗马皇帝中有个叫尼禄的暴君,没心没肺到了极点。有一次罗马城大火,烧掉了多半个城市。传说尼禄在皇宫里俯瞰燃烧的城市,觉得如此壮丽的景象难得一见,对着大火弹琴唱歌。这可能只是个传说,但是正德真的干过类似的事儿。有一回皇宫失火,烧毁了紫禁城中最重要的乾清宫。正德在远处见到大火,不慌不忙,赞叹说真是"好一棚大烟火"。[3] 便宜话让他说完了,烂摊子得老百姓来收拾。不久,正德下令,为了重建乾清宫,"加天下赋一百万"。[4]

总而言之,这位正德皇帝是胡闹的专家。明朝那些有理想的大臣看着心里着急啊,可是有什么办法呢?只能写文章使劲儿劝皇上。问题是这正德皇帝连正经的文件都不一定看,怎么会看那些说教他的文章啊。甭管大臣们怎么劝,正德就当没这回事儿,一概不听。

---

1 《明武宗实录》卷一百七十一:"上嗜饮,常以杯杓自随,左右欲乘其昏醉以市权乱政,又常预备瓶罌,当其既醉而醒,又每以进。或未温,已辄冷饮之,终日酣酺,其颠倒迷乱,实以此故。"

2 《殊域周咨录》:"提督豹房太监李宽又奏称:'永乐、宣德年间,旧额原养金线豹、玉豹数多,成化间养土豹三十余只。弘治年原养哈喇二只,金线一只,玉豹二十余只。正德等年间原喂养土豹九十余只。嘉靖年原养玉豹七只。'"《明史·江彬传》:"一日,帝捕虎,召宁,宁缩不前。虎迫帝,彬趋扑乃解。帝戏曰:'吾自足办,安用尔。'"《明武宗实录》卷一百十六:"上狎虎被伤,阅月不视朝。"

3 《明武宗实录》卷一百八:"上自即位以来,每岁张灯为乐,……宁王宸濠别为奇巧以献,遂令所遣人入宫悬挂,传闻皆附着柱壁辉煌如昼,上复于宫庭中依檐设毡幕,而贮火药于中。偶弗戒,遂延烧宫殿,自二鼓至明俱尽。火势炽盛时,上犹往豹房省视,回顾光焰烛天,戏谓左右曰:'是好一棚大烟火也。'"

4 《明史·武宗本纪》:"十二月甲寅,建乾清宫,加天下赋一百万。"

不仅不听，正德又想出了新的花招儿。他开始偷偷跑出皇宫玩儿了。

古装片里经常有古代皇帝"微服私访"的桥段。其实在真实的历史里，这样的情况非常罕见，因为太危险了。这世上有无数人想要皇帝的性命。皇帝躲在深宫里还不是百分之百安全呢，这要是自个儿偷偷出宫，只需要七八个人就能把他宰了，那哪儿行啊？故事里常见的康熙、乾隆"微服私访"的情节，其实都是不存在的。他们都是带着御林军，大张旗鼓地出去玩。但是这位正德大哥不一样，对他来说玩儿比命重要。他隔三岔五就偷偷跑出皇宫，一开始是去京城的娱乐场所，或者在京城周边的地区玩一玩。[1]过了一段时间，正德要闹大的了。

有一天正德突然宣布，他想从居庸关出长城，到长城外面的一所明朝军镇里玩。大臣们一听都吓疯了，因为之前的大明朝出过一次严重的事件，明英宗不听群臣的劝阻，非要带兵出居庸关同蒙古军队作战。结果因为指挥失误，明军被全歼，无数的王公大臣葬送在刀枪之下，明英宗本人成了蒙古人的阶下囚。如果不是名臣于谦力挽狂澜，很可能连北京城都会丢掉，甚至整个北方都没了。那次事件叫作"土木之变"，是动摇国本的大事。现在正德皇帝连军队都不带，想自个儿跑出居庸关旅游？大明朝不出点儿乱子您心里难受是吗？大臣们当然不能同意，使劲儿地劝正德。[2]但是正德怎么可能听呢？

有一天早晨上朝，大臣们发现皇上不见了。皇上偷偷跑出去玩

---

[1] 《明史·江彬传》："彬导帝微行，数至教坊司。"《明武宗实录》卷一百四十九："癸未，上微行至石经山、汤峪山、玉泉亭，数日乃还。"

[2] 《明史·张钦传》："十二年七月，帝听江彬言，将出关幸宣府。钦上疏谏曰……疏入，不报。"

这倒不是头一回了，问题是这回皇上肯定是往居庸关跑啊，这不是要疯吗？大臣们赶紧骑马去追，生怕来不及。这位正德皇帝带着随从一溜烟跑到了居庸关，要求开关。正好当时有个负责巡视边关的御史，当机立断，把关门锁上，把钥匙藏了起来。他怕皇帝强行出关，还拿着宝剑亲自坐在关门前，不管谁来，一律拒绝。这位御史是大明朝真正的忠臣，可是正德皇帝好赖不分，吵吵着非要杀了他。幸亏北京的大臣们随后赶到，好说歹说，才把正德劝回去。[1]

可是您想，如果一个小孩儿调皮捣蛋被抓住了，事后又没有受到惩罚，那他会善罢甘休吗？不会啊。又过了二十多天，正德故技重施，又一次换上便装偷偷往居庸关跑。一边跑还一边向下属询问那位御史现在人在哪儿。正德趁着那位御史不在居庸关的空隙，刺棱一下子蹿了出去。[2]

等正德到了关外，可算是痛快了，他住在军镇里，晚上跑到老百姓家里欺男霸女，堂堂皇帝当起了流氓。[3]他在关外足足玩了四个月，还真跟蒙古军队打了一仗。这场仗双方互有损伤，蒙古人退了兵。正德这下子可得意了，他认为自己打了一场超级大胜仗，当场

---

[1] 《明史·武宗本纪》："秋八月甲辰，微服如昌平。……己酉，至居庸关，巡关御史张钦闭关拒命，乃还。"《明史·张钦传》："八月朔，帝微行至昌平，传报出关甚急。钦命指挥孙玺闭关，纳门钥藏之。……钦因负敕印手剑坐关门下曰：'敢言开关者，斩。'夜草疏曰：'臣闻天子将有亲征之事，必先期下诏廷臣集议。其行也，六军翼卫，百官扈从，而后有车马之音，羽旄之美。今寂然一不闻，辄云"车驾即日过关"，此必有假陛下名出边勾贼者。臣捕其人，明正典刑。若陛下果欲出关，必两宫用宝，臣乃敢开。不然万死不奉诏。'……帝大怒，顾朱宁：'为我趣捕杀御史。'会梁储、蒋冕等追至沙河，请帝归京师。帝徘徊未决，而钦疏亦至，廷臣又多谏者，帝不得已乃自昌平还，意怏怏未已。"

[2] 《明史·武宗本纪》："丙寅，夜微服出德胜门，如居庸关。辛未，出关，幸宣府，命谷大用守关，毋出京朝官。"《明史·张钦传》："又二十余日，钦驰白羊口。帝微服自德胜门出，夜宿羊房民舍，遂疾驰出关，数问：'御史安在？'钦闻，追之，已不及。"

[3] 《明史·江彬传》："因度居庸，幸宣府。彬为建镇国府第，悉辇豹房珍玩、女御实其中。彬从帝，数夜入人家，索妇女。帝大乐之，忘归，称曰家里。"

封自己当大将军。[1]——您听明白啦，皇帝封自个儿当大将军，这都乱了套了。古代儒家最讲究等级秩序，君臣必须得分得清清楚楚。正德这么乱搞，在古代人看来已经是胡闹至极了。

结果正德还玩上了瘾，他回到北京后不久，又跑到关外当了好几次流氓，每次都要玩上一两个月。等到他第四次跑出去的时候，他又玩出了新的花样。他之前不是封自己当大将军了吗？他给自己下了一道圣旨：命令作为将军的自己，带兵出关和蒙古人作战。

先不说这事儿危险不危险吧，从逻辑上就捋不顺啊，什么叫"我自个儿命令我自个儿"啊。内阁拒绝执行命令。正德皇帝如果有心，倒是可以绕过内阁直接指挥六部调兵遣将，但是他也没想费那工夫。他带着身边的几个人，自个儿打开皇宫大门就走了——咱爷儿几个晃晃悠悠的，咱们亲征去。

按照古代的规矩，皇帝亲征，留在京城的官员要一起送皇上。结果正德走的这天，来送行的只有五十多个大臣。[2]包括内阁大臣在内，好多官员都拒绝送行。这一是抗议，内阁表态皇帝这么出门是违法的；二是几位内阁大臣也死了心了。过去皇帝跑出皇宫，几个大臣还去追呢，这次追什么追啊，反正拦也拦不住，随便吧您。

等到皇帝离开京城后，内阁大臣集体上书要求辞职，正德皇帝不批准。他也不傻，知道还得留着内阁干活儿。这次正德又出去玩了小半年，祸害百姓无数。老百姓听说皇帝要来，就跟听说土匪来

---

1 《明史·江彬传》："未几，幸阳和。虏北五万骑入寇，诸将王勋等力战。至应州，寇引去。斩首十六级，官军死数百人，以捷闻京师。帝自称威武大将军朱寿，又自称镇国公，所驻跸称军门。"
2 《明武宗实录》卷一百六十四："丙午，上复北幸。黎明由东安门出，群臣知而送者五十二人。"

193

了一样，赶紧举家逃跑。[1]等正德玩够之后回到京城，大臣们实在受不了了，内阁要求皇帝下一道圣旨，昭告天下，承诺以后再也不出去玩了。[2]结果正德的反应是一拍大腿："对啊，一说玩儿这事儿我想起来了，我光在北方玩儿了，南方我还没去过哪！"

于是正德下旨：我要去南方玩儿！这时距离他回到京城不过十几天。这下大臣们实在忍不了了。各级大臣纷纷上书劝阻，后来上书的人越来越多，有一百多人集体抗议。这是明代大臣在合法的范围内，可以对皇帝进行的最高等级的反抗。可是咱们正德皇帝哪怕这个啊。正德皇帝是"顺毛驴"，你越顶他，他脾气越大。他下令让抗议的大臣在宫殿前罚跪，连续罚跪了五天，然后拉出去打板子。明代行廷杖之刑用的是非常结实的板子，如果行刑的人用点儿力气，几下就能把屁股打烂。结果正德下令每人打三十大板，有两名官员被活活儿打死了。

正德的行为激起了众怒，更多的大臣上书抗议，正德就让更多的人罚跪、挨板子，把他们扔进监狱。就在朝廷乱作一团不可收拾的时候，传来消息：南方的一位藩王"宁王"造反了。大臣们听到这个消息更乱了，真是"屋漏偏逢连夜雨"，皇上混账，王爷造反，大明朝要完啊！但这可把正德皇帝高兴坏了："这南游不就顺理成章了吗？我要亲征，我打仗去！"

于是他故技重施，给自己下了一道圣旨，命令作为大将军的自己带兵南下"平叛"。这下更乱套了，大臣们不同意，可是正德不管不顾，自己调兵遣将，再带上吃的玩儿的，开始大摇大摆地向南方进发。

---

1 《武宗外纪》："远近骚动，所经多逃亡。"
2 《明武宗实录》卷一百七十一："明诏天下，自今以后不复巡游。"

其实宁王刚造反不久,就被著名的哲学家王阳明平定了。王阳明平定宁王之乱的捷报早早地送到了正德的手里,但是正德扣下报告故意不公布,还要继续南行。[1]于是这趟亲征彻底变成了旅游,这一路上正德的胡作非为更不用说了,又让好多老百姓家破人亡。

正德这趟旅游足足玩了一年多,这才不紧不慢地回了京城。你说这大明江山以后可怎么办呢?在明朝的制度下,还真就一点儿办法都没有。幸亏正德自己"拯救"了天下。他在回北京的路上因为贪玩,掉进了水里。当时天气已经比较凉了,正德可能因此染上肺炎,他被救起来后高烧不退,回到北京后不久就病死了。

正德一死,大臣们当然得号哭一顿,但估计心里也松了一口气吧。就看下面这新皇帝是不是个好人了。

正德皇帝死的时候只有29岁,还没有孩子,也没有亲兄弟。因此正德死后,大臣们找了正德叔叔的儿子继承皇位。我们习惯叫他嘉靖皇帝。

您还记得吗?咱们前面说过宗法制度里的"大宗"和"小宗"。按照规矩,皇帝这一支是"大宗",其他的兄弟都是"小宗"。嘉靖的爸爸不是皇帝,所以嘉靖属于"小宗",按规定不能继承皇位。因此嘉靖要继位,必须先改认正德的父亲当爹。因为正德的父亲是皇帝,嘉靖改认新爹后,他就能变成"大宗"了,这样才能名正言顺地继位,才有资格在宗庙里祭祀各位先皇。

这个改宗的过程嘉靖皇帝虽然有意见,但还是勉强同意了。但问题是,嘉靖的亲爹怎么办?嘉靖孝顺,想要给自己的亲爹、亲妈

---

1 《明史·武宗本纪》:"丁亥,次涿州,王守仁捷奏至,秘不发。"

加上"皇帝、皇后"的尊号。这稍微有点儿不合规矩,但也不是大事,因为它不影响皇位的继承,也不改变政治格局。可是内阁大臣不干了。这些大臣刚刚经历过正德皇帝的折磨,在他们的心目中,皇帝不受控制的后果太可怕了。当时刚继位的嘉靖皇帝只有十四岁,而且之前只是个王爷家的孩子,住在外地,从来没想过自己能继承皇位。这么一个小孩儿突然被人弄到了陌生的皇宫里,还啥也不懂、啥也不明白呢。于是一些大臣打算给嘉靖皇帝来个下马威,对嘉靖要给亲爹、亲妈上尊号这事儿坚决反对,绝对不允许!

可嘉靖是个非常有心眼儿的孩子。他刚当皇帝的时候还不熟悉环境,看到内阁反对他没敢吭声。可是当了一段时间的皇帝后,他渐渐摸清情况了:"哦,原来皇帝权力这么大,原来只要我坚持,几乎什么事都能干。"

于是,嘉靖跟大臣们展开了长达三年的拉锯战。随着嘉靖越来越自信,他也开始大规模逮捕、裁撤官员,打官员的板子,而且还打死了不少人。由于明朝皇权的绝对优势,这场斗争以嘉靖的全面胜利告终。等嘉靖战胜了群臣后,他终于明白当皇帝能多么为所欲为了。从此以后,嘉靖做事根本不考虑群臣的意见,他营造宫殿,迷信法术,为此耗费了大量的金钱。到了执政中期,他干脆躲在皇宫里不出来,只通过少数大臣遥控天下。嘉靖皇帝执政的时候,也是明朝由盛转衰的时候。[1]在他执政后期,国家出现了很多问题,可是大臣们也无可奈何了。更要命的是,嘉靖在位的时间还特别长,他当了45年皇帝,这在中国所有的皇帝中都是能排到前列的。

---

1 孟森:《明史讲义》,上海古籍出版社,2002,第240页。

好不容易，大臣们终于把嘉靖熬死了，终于可以再换个皇帝了。嘉靖的儿子为人算是中等，但是在位时间不长。下一个在位时间长的是嘉靖的孙子，我们习惯叫他万历皇帝。

等万历当皇帝的时候，大臣们又开始总结教训了。当初嘉靖主意那么正，那是从小没教育好啊。啥都想着自己，不想着国家，这能当好皇帝吗？万历这孩子一定得从小好好教育！万历当皇帝的时候还不到十岁，还是个小孩儿。他的母亲皇太后是个识大体的人，她重用一个叫作张居正的大臣，让张居正当小皇帝的老师，把这孩子从小就教育好。张居正不负重托，拿出最大的劲头儿教育皇帝。张居正亲自给万历制订学习计划，编写教材，一对一辅导。

可是古代没有儿童心理学，古人认为教育就是越严越好。太后从小就对万历严加管教，经常罚万历长跪。[1] 张居正比太后还厉害，太后要是管不住万历，就吓唬他："要是再不听话，我可告诉张居正了啊！"这一吓唬，皇帝就老实了。[2]

万历常年被这么管着，精神压力特别大。到了15岁的时候，万历结婚。按规矩，皇帝结婚后就是成人了，应该亲自管理国家。皇太后从此回到后宫，不再过问国事。但此时的万历仍旧笼罩在太后的管教之下。有一次万历酒后发怒，用宝剑割了宫女的头发。皇太后知道后气得不得了，又是让万历罚跪，又是让他公开写检查。传说太后甚至威胁要废了万历。最后万历跪在地上痛哭流涕地答应

---

1 《明史·李太后传》："太后教帝颇严。帝或不读书，即召使长跪。"
2 《明史·张居正传》："慈圣训帝严，每切责之，且曰：'使张先生闻，奈何！'于是帝甚惮居正。"

悔改，这事儿才算完。[1]

但皇上毕竟是要长大的，随着万历年纪渐长，长辈的管束越来越松。等到万历19岁的时候，张居正去世了。刚开始，万历还是万分悲痛的样子。几个月后，他突然变了脸，公开抨击张居正的各种罪行，说张居正居心叵测，是天下最邪恶的人。万历剥夺了张居正的各种荣誉，还派人去抄张居正的家。抄家的人为了巴结皇帝，到了张居正的家乡，先把张居正的宅子封起来，不许出入。过了很多天才打开大门抄家，结果张居正全家已经饿死了十几口人。张居正的长子受不了侮辱，自杀了。

总之，万历在管束下忍了这么多年，终于爆发了。一顿发泄后，万历觉得从此终于没人管束他，彻底自由自在了。

可是他想错了。不久以后，万历和大臣们又发生了一场冲突，冲突的关键是立太子。明朝对皇位的继承顺序有严格的规定，连皇帝本人都不能违背。这样可以避免出现唐朝那种皇子频繁发动政变的情况——该谁继承皇位规定得一清二楚，根本改不了，所以争也没有用。

当时，群臣希望万历按照规定的顺序立太子，可是万历找各种借口迟迟不答应，大臣们怀疑万历想要立更小的儿子当太子，这下群臣都不干了。立太子这事儿跟当年嘉靖给自己的亲生父母上尊号的性质不一样，立太子关系到以后的皇帝是谁，这是国家的头等大事。而且如果此例一开，便会引来后世无穷无尽的皇子内战，这是会动摇国本的。所以大臣们非常坚决地催万历，让他赶紧按规矩把

---

[1] 《明史·李太后传》："帝尝在西城曲宴被酒，令内侍歌新声，辞不能，取剑击之。左右劝解，乃戏割其发。翼日，太后闻，传语居正具疏切谏，令为帝草罪己御札。又召帝长跪，数其过。帝涕泣请改乃已。"

太子确定下来。

但是万历小时候被压抑太久了，等到张居正一死，逆反心终于爆发出来了。他对群臣有一股气：你们越逼我，我就越不答应。可是大臣这边也不松口，一开始还是为了国家大计，吵到后来就变成了道德站队：谁支持皇帝，谁就是阿谀媚主的小人；谁反对皇帝，谁就是刚正不阿的好人。等于这件事争到最后，君臣双方都带上脾气了，谁都不肯让步。[1]

这场斗争旷日持久，吵到后来，万历的脾气越来越坏：你们大臣故意找碴儿是吧？你们天天找我的毛病，就不想让我过好日子是吧？

万历渐渐有了赌气的心理："你们不是天天跟我作对吗？不是我说什么都不管用吗？我就故意跟你们找别扭！"慢慢地，万历开始不上朝、不工作，天天躲在后宫里不处理国家大事。万历的怠政和正德、嘉靖又不一样。正德贪玩胡闹，但并不想撒手权力。只要他高兴，他还愿意处理国事。嘉靖天天躲在深宫之中，但是控制朝廷的心思一点儿都没放松，他通过几个大臣遥控朝廷，至少在他自己看来，他还掌控着天下。而万历的怠政带有赌气性质："我就不跟你们配合，我看你们到底怎么办。"万历处理国事纯粹看心情，有时候他管点儿政务，有时候躲在后宫不出来，奏章一概不批，大臣一概不见，最重要的祭祀活动也不去——皇宫里就好像根本没有皇帝这个人一样。[2]

当时朝廷的工作流程是，内阁把各个部门送上来的文件整理好

---

1 方志远：《明代国家权力结构及运行机制》，科学出版社，2008，第129页。
2 《明季北略》卷二十四："上以为威慑之，不若冥置之，批答寡寡，后遂绝不视朝。竟疏十九留中矣。郊祀不躬，经筵久辍，推升者不下，被纠者不处。"

了，写出自己的意见送进皇宫。皇帝批阅这些文件，再把这些文件送出来，这就是合法的圣旨了。明朝的皇帝如果想偷懒，一般会让宦官替他批阅文件，这么做虽然贻害无穷，但好歹能把活儿干了。可这位万历皇帝是赌气型的，只要心情不好就拒绝批阅文件。内阁的文件源源不断地送进后宫，万历连个回复都没有，这些文件就永远扔在后宫里，不送出来了。[1]

日常工作就算没有皇帝的命令也可以勉强进行。但是高级官员的任免必须有皇帝的命令，否则要是大臣能任免高官，皇帝不就彻底被架空了嘛。可是万历连这些任免的文件也不批准。内阁送上来大臣的人选，皇帝签个字就行，可万历就是不签。结果导致明朝的很多部门长期缺编，人手不够，工作干不成。因为没人审判案件，有些犯人在监狱里关了好几十年都没人审理。犯人在监狱中已经浑身生疮流脓，犯人家属到处申诉，哭求快点儿审理。官员岁数大了写辞职信想退休，皇帝也不批。到最后大家干脆想退休了就直接回家，反正皇帝也不管。一边是官府里没人干活儿，另一边是好多候补官员常年没有官做，他们在京城苦苦等待上任命令，一等就是好多年，有的人甚至穷困而死。[2] 好好儿的国家，皇帝就是不想让它正常运转，大臣又有什么办法呢？还真没有办法，只能寄希望于最后一招：等这位皇帝去世再换一位。结果偏偏万历活得也长，比嘉靖在位的时间都长。

好不容易，大臣们终于熬走了这位万历皇帝。接下来就好了吗？还是没有。明朝又出现一个小号的正德皇帝，只喜欢做木匠活儿，把管理国家的权力交给了太监魏忠贤。大臣们又开始跟魏

---

1 《明史·周弘祔传》："十七年，帝始倦勤，章奏多留中不下。"
2 南炳文、汤纲：《明史》，上海人民出版社，2003，第655—661页。

忠贤较劲。但因为魏忠贤是以皇帝的名义掌权，所以在制度上，大臣们还是斗不过魏忠贤。最后很多大臣又因为斗争挨了板子，进了监狱。

没办法，大臣们还得等这个皇帝死了，看下一个皇帝怎么样——这大明朝的政治成了"开盲盒"了。结果等这个木匠皇帝死后，明朝终于迎来了一位看上去还行的皇帝。这位皇帝不爱玩，不胡闹，兢兢业业，就想把国家搞好。这就是明朝最后一位皇帝——崇祯皇帝。但这个时候明朝的政治和经济问题已经积重难返，彻底没救了。

明朝宦官到底有多厉害？

明朝出现过好几个权倾朝野的宦官，最有名的是刘瑾和魏忠贤。他们最嚣张的时候，可以随意处置百官，把不听话的官员流放外地甚至活活打死。明朝的宦官为什么这么厉害呢？这和当时皇帝的工作流程有关。

明朝的皇帝有一项重要的日常工作：每天在深宫里阅读内阁交上来的文件，用红色的笔批复后发还内阁，称为"批红"。这些用红笔写的字就相当于圣旨。

可是皇帝每天要批阅的文件太多了，而且大部分文件看起来很无聊。皇帝日复一日地阅读、批复这些文件，既劳累又无聊，于是有的皇帝想让别人帮忙。可是深宫内院里大臣进不来，皇帝只能让身边的宦官帮忙，让宦官当他的文字秘书。比如让宦官念文件，省得皇帝自己看了。甚至宦官还可以替皇帝写批示，皇帝只要动动嘴就行。

这时，宦官权力的大小就取决于皇帝到底有多懒。如果皇帝让宦官代笔的时候，盯得特别紧，不许宦官随意改动文字，那么权力就在皇帝的手中。如果皇帝懒一点儿，允许宦官自己斟酌字句，那宦官就能利用这个机会改动圣旨——有时措辞上稍微改一改，整道命令就变得很不一样。更有甚者，有些极端懒惰的皇帝连日常工作都不想做，让宦官自己去阅读文件，凡是"日常小事"自己看着批复就行了，有重要的事情再来汇报。于是，宦官就可以自行决定什么是"日常小事"，手里的权力也就接近皇帝了。

另外，从明朝中期开始，很多皇帝躲在深宫里不愿意见大臣。皇帝发布命令要通过宦官向外传旨。其中一种圣旨是皇帝口头叙述，宦官用笔记下来。于是宦官可以在下笔时斟酌字句，修改皇帝的意思。

总之，宦官利用在皇帝和大臣之间传话的机会，可以左右很多朝廷大事。

这种种行为在外朝大臣看来，是"坏宦官干涉朝政，罪该万死"。可是在皇帝看来，他喜欢的那个宦官才是全天下最亲近、最值得信任的好朋友。皇帝成天累得要命，让好朋友替自己干一点儿小活儿，这不是顺理成章的事吗？皇帝觉得全靠身边这个好朋友帮忙，才没让外面那些大臣蒙蔽了自己，所以皇帝不觉得宦官干政是坏事。因此皇帝扩大宦官的权力，让宦官指挥特务机构"东厂"，负责监督和逮捕官员。

刘瑾和魏忠贤当权的时代，这套制度发展到了最极端的程度。他们侍奉的皇帝都超级贪玩，玩到连日常工作都不愿意做。于是这两个宦官能够权倾朝野，借皇帝的名义提拔献媚自己的官员。朝中愿意巴结他们的官员越多，他们手里的权力也就越大。魏忠贤权力最大的时候，官员们甚至恭维他是"九千岁"，意思是比皇帝这个"万岁"只差了一点儿。那么问题来了：明代宦官的权力这么大，为什么我们还说明代的"皇权"很强大呢？天下大事都听宦官的了，哪里还能体现出皇帝的权力呢？

其中的关键是：明代宦官的权力是个一戳就破的纸老虎。

明朝宦官之所以可以肆意妄为，是因为皇帝允许他们替自己批阅奏折。宦官的命令是以皇帝的名义下达的，离开了皇帝，宦官的话一文不值。所以在明代，宦官掌权只有在皇帝默许的情况下才能得逞。

咱们也许会问，皇帝这么干难道没有风险吗？皇帝如果长期不理朝政，外朝都换成支持宦官的大臣了，宦官要是借机造反怎么办？比如宦官能不能背着皇帝发布圣旨，联络外朝支持自己的大臣调兵遣将，一起发动宫廷政变？

答案是：很难。这就要归功于明代的制度设计了。挟持皇帝的关键是能控制禁军。在明朝，军队的调动有一套严格的制度，不是一两个人就可以指挥的。甚至连皇帝本人都不能轻易破坏这个制度——当年正德皇帝曾经破坏过一次，违反祖制调外军入京。这件事引起了内阁强烈的反抗，阁臣坚决不执行。后来正德皇帝干脆自己跑出来，亲自坐在皇宫大门里，"坐等"内阁发布命令，结果内阁就是不发布。后来还是正德越过内阁自己下命令，才把这件事办了。——您看，这事儿是皇帝自己出面，撒泼耍赖最后才办成的。一个宦官怎么能把皇帝关在后宫里，光靠假传几道圣旨来办这件事呢？

那宦官要是来硬的呢？比如万历皇帝不是长期不出宫嘛，要是有一群宦官，拿绳子把万历皇帝绑了关在密室里，然后这些宦官以皇帝的名义假传圣旨，提拔那些迎合他们的官员，最后谋夺天下，可不可以呢？

这么做还是很难，原因之一是明代大臣有一条不能突破的道德底线：儒家道德。

当然，很多古代大臣都很虚伪，他们表面上自称是儒家道德的楷模，实际上贪污受贿、徇私枉法、党同伐异，干了很多坏事。但是他们再胡作非为也一定会在表面上维持儒家道德，至少要表现出自己是个好人。

这种情况有点儿类似咱们今天对"孝顺"的态度。在今天确实有不孝顺的人，比如有人把

母亲养老的钱偷了花掉。但是这些人多半会为自己辩解，认为自己没有不孝，拿母亲的钱是有理由的；或者退一步，承认自己不孝，忏悔说自己对不起母亲，不是人——意思是我心里还是很孝顺，只是行动上没做到。总之，就算这个人实际上多么自私不孝，也不大可能直接说："做人就是可以不孝顺！我就是要当一个不孝顺的人！"因为在他心里，他也是这么认为的：不孝是错的。

　　类似的道理，明朝的官员就算坏事干尽，还是要在表面维持儒家的伦理道德。那些为了功名利禄巴结宦官的大臣，虽然他们实际上是为了自己的前途附和宦官的命令，但嘴上说的是"我是为了天下着想，为了大明江山，为了让万岁安心，所以我才同意这道命令"。

　　正因为有这条底线在，宦官不可能随意调动军队，废立皇帝。因为这件事在儒家道德的系统里，实在找不到合理的借口。

　　当初天启皇帝（明朝倒数第二个皇帝，崇祯皇帝的哥哥）登基的时候，有个先皇的妃子把五岁的小皇帝控制在后宫不放手，要跟内阁谈条件。结果一群大臣冲进后宫，推开阻拦的宦官，把小皇帝从后宫里拉了出来。在此期间，大臣们和妃子手下的宦官发生了很多次拉扯，大臣们要把皇帝带出宫，宦官们拉住皇帝的衣服，大喊："你们要把皇帝绑架到哪儿去？"结果全靠大臣们人多力量大，皇帝才被带出后宫，顺利登基。单看这件事本身，大臣们在没有圣旨的情况下冲进皇宫拉扯皇帝，这属于大逆不道，形同造反。可一群高级官员就是敢冒着生命危险这么干，这就是"道德底线"的作用。只要从儒家伦理上、从帝国制度上讲这么干是对的，大家就敢豁出去干。因此可以想象，哪怕宦官假传圣旨强行调动军队，让皇帝下旨宣布退位，大臣们在亲眼见到皇帝点头之前都会坚决抗旨的。

　　在明代，唯一可能威胁到皇帝的宦官是魏忠贤。当时的天启皇帝啥事儿都不管，魏忠贤已经成了明朝实际的统治者，朝廷中有一大帮愿意拍魏忠贤马屁的大臣。在这种情况下，天启皇帝突然去世。魏忠贤接下来的处境取决于新皇帝对他的态度，可是天启皇帝没有儿子，后面不管是谁继位魏忠贤都控制不了局面。所以当时有这么一个传说：魏忠贤曾经向天启皇帝的皇后提出，让皇后假怀孕，让魏忠贤的侄孙假装成皇后的孩子，将来让这个小孩儿登基，让皇后摄政。换句话说，魏忠贤提出和皇后一起篡夺大明朝的皇位，结果被皇后拒绝了。[1]也有人说魏忠贤在天启皇帝去世后，曾经和兵部尚书密谈过，谈话内容不得而知，或许他有军事政变的想

1　《明史·熹宗懿安张皇后传》："及熹宗大渐，折忠贤逆谋。传位信王者，后力也。"

法。[1]还有传说魏忠贤想要摄政。[2]后来崇祯皇帝进宫登基,据说天启皇帝的皇后还偷偷嘱咐崇祯不要吃宫中的食物,以防被魏忠贤下毒。[3]

  以上这些说法都是传闻,不知真假。无论如何,魏忠贤最终没有采取行动。崇祯皇帝登基后不久,魏忠贤主动提出辞职,崇祯批准了。等到魏忠贤离开京城后,崇祯下了一道逮捕魏忠贤的命令,魏忠贤听到命令就畏罪自杀了。这时的崇祯皇帝刚登基不久,在朝廷里的根基要比魏忠贤弱很多。可他只靠一道命令就消灭了魏忠贤。这就是明朝皇权强大的例证——不看皇帝本人的能力,不看群臣权贵站在谁那一边,单是制度本身就给了皇帝无可匹敌的权力。[4]

---

1 《明史·崔呈秀传》:"内使十余人传呼崔尚书甚急,廷臣相顾愕眙。呈秀入见忠贤,密谋久之,语秘不得闻。或言忠贤欲篡位,呈秀以时未可,止之也。"

2 《明季北略》:"十九日,魏忠贤与群臣议垂帘居摄,宰相施凤来曰:居摄远不可考,且学他不得。忠贤不悦而罢。"

3 《甲申朝事小纪》:"熹宗崩,大阉魏忠贤谋迎福王,懿安召上入继大统,密戒云:'勿食宫中食。'上从周皇亲家作麦饼,怀以自饷。"《明史纪事本末》卷七十二:"忠贤自出请王入,王危甚,袖食物以入,不敢食大官庖也。"

4 李新峰:《论元明之间的变革》,载陈支平、万明主编《明朝在中国史上的地位》,天津古籍出版社,2011,第61页。

假如历史是一场开卷考试

秘密奏折

历史就好像是一场开卷考试,所有的答案都在前人的经验里。

明朝在被一个个皇帝折腾的同时,内外危机越来越严重。那个喜欢赌气的万历皇帝在任内发动了三场战争,其中一场还是在朝鲜半岛和来自日本的丰臣秀吉的远征军作战。这三场战争明朝都获得了胜利,但是耗费了巨额的军费,把明朝的家底打空了。

与此同时,在中国的东北地区,一个由女真人组成的部落越来越强大。中国的东北地区有广袤的森林与众多的河流,在这里生活的古代人主要靠打猎、捕鱼、采集和耕种谋生,因此当时的女真人是渔猎民族。后来,一个叫作努尔哈赤的女真首领统一了其他部落,建立了政权,定国号为"大金"。因为在宋代,中国北方就有一个政权国号为"大金",所以努尔哈赤建立的政权在历史上叫作"后金"。在万历皇帝的晚年,明军同后金军队在一个叫作萨尔浒的地方大战,明军大败。从此以后,后金成了明朝最大的威胁。

后来努尔哈赤病死,他的继承人皇太极把族名"女真"改为

"满洲",把国号"大金"改为"大清"。之后明清之间发生了很多战争,明军输多胜少,国力越来越弱。

等到崇祯皇帝登基的时候,明朝的各种问题已经积累得很严重了。朝廷的党争和军队的上下贪墨,导致明朝耗费了大量军费仍是屡战屡败。在王朝内部,官僚、地主和商人的手里有很多钱财,但是这些钱财到不了朝廷的手中,朝廷对普通百姓盘剥到了极点还是入不敷出。百姓不堪压迫奋起反抗,朝廷的开销不减反增。再加上崇祯皇帝缺乏才干又有性格缺陷,他色厉内荏、刚愎自用、胆小多疑又喜好推卸责任,于是大明朝只能在跌跌撞撞中走向毁灭。后来,明朝的首都被李自成的起义军攻陷,崇祯皇帝自杀。镇守山海关的大将吴三桂向清军投降,清军趁机南下入关。

这时的中国站在历史进程的十字路口,中原大地处在群雄逐鹿的混乱状态。逐鹿的选手有李自成的大顺,有明朝残余势力建立的南明,还有刚刚突破山海关的大清。到最后,清军成了获胜者,在较短的时间里统一了中国。

对比过去的历史经验,北方民族南下统一中国的速度从来没有清军这么快过。比如金国灭亡北宋,军队一度打到南方,但是金人发现自己无法长期统治南方,很快又撤了回去。后来蒙古大军战无不胜,可是从横扫北方到最终征服南宋,也花了将近七十年的时间,而且之后元朝的统治并不稳定。

但清朝呢?从攻入山海关一直到基本统一中国,用了不到二十年的时间。而且清朝的统治比元朝更稳定,统治的时间更长,国力也更强大。

清政府是怎么做到的呢?如果历史是一场开卷考试,那么清朝就是最勤奋、最愿意查资料的考生。它汲取了中国古代几乎所有王朝的历史经验。

比如在"统治不同地区"这件事上，参考历次北方民族的汉化和辽国的"因俗而治"，清朝的统治者已经明白，统治任何地区都应该尊重当地的社会习俗，使用当地老百姓习惯的社会制度。

因此清朝皇帝在和蒙古贵族交流的时候，他的身份是蒙古人习惯的"大汗"。清朝皇帝经常和蒙古的王公贵族一起聚会打猎，还和蒙古贵族联姻，这些都是蒙古人习惯的统治方式。但是到了长城以南的地区，清朝皇帝的身份就变成了儒家的皇帝。从康熙以后，清朝皇帝都熟读"四书五经"，学问水平非常高。清朝采用的政治制度，也是从明朝继承来的，可以看成明朝制度的改进版。清朝的皇帝尤其喜欢朱元璋设计的制度，认为这套制度对社会的控制最严密。[1]

但是明朝的制度有一个大问题：皇帝本人不可靠时国家就会混乱。提高大臣的权力可以解决这个问题，可是清朝的统治者也喜欢乾纲独断。那怎么解决皇帝不可靠的问题呢？

清朝用了个"笨"办法：实行有史以来最严格的皇子教育制度。清朝统治者对皇子的教育非常严格，六岁就要开始上学。[2] 皇子们每天早晨5点多上学，一直学习到下午3点；要学习蒙语、满语、汉语多种语言，学习书法、绘画，还要练习骑马、射箭。而且

---

[1] 《清世祖实录》："又问：'上古帝王，圣如尧舜，固难与比伦。其自汉高以下，明代以前，何帝为优？'对曰：'汉高、文帝、光武、唐太宗、宋太祖、明洪武，俱属贤君。'上曰：'此数君者，又孰优？'名夏曰：'唐太宗似过之。'上曰：'岂独唐太宗，朕以为历代贤君，莫如洪武。何也？数君德政，有善者，有未尽善者。至洪武，所定条例、章程、规画周详。朕所以谓历代之君，不及洪武也。'"

[2] 《清高宗实录》卷一千六十七："诸皇子六岁以上，即就尚书房读书。即皇孙、皇曾孙、亦然。"昭梿《啸亭续录》："国朝定制，凡皇子六龄入学。"吴振棫《养吉斋丛录》："我朝家法，皇子皇孙六岁即就外傅读书。"福格《听雨丛谈》："皇子年六岁，入学就傅。"

没有寒暑假,每年除了少数几天节日外,全年无休。[1]学习的地点就在皇帝办公室的旁边,这样皇帝下班的时候可以溜达过来检查皇子们的学习情况。

清代皇子教育的一大重点是"守规矩"。《实录》是皇帝身边的人替皇帝写的日记,记录皇帝每天都干了什么。前辈皇帝的《实录》是后辈皇帝重要的学习资料。后辈皇帝遇到事情不知道该怎么办,就翻开《实录》看看前辈是怎么做的,自己照着做就行。

光加强皇子教育,还不能保证皇帝的水平一定高。万一皇子是个笨蛋,再努力也学不好怎么办?清朝的皇子继位不像明朝那样有严格的继承顺序,清朝的皇子继位是"择优录取",老皇帝从众多的皇子中选一个最满意的,指定他为继承人。

可是这样一来,众多皇子不是容易打架吗?就像唐朝那样,只要皇帝一老,潜在的继承人就会斗得不可开交。康熙皇帝晚年时就出现了这种情况,搞得政局非常乱。为了避免这种情况发生,康熙的儿子雍正皇帝采用了"秘密立储"制度,也就是把皇位继承人的名字写在一封信里,把这封信分成两份,一份皇帝随身携带,一份放到皇宫"正大光明"匾的后面。皇子和群臣知道皇帝藏了这封信,但是不知道信里面到底写的是谁。这样一来,皇子就算想内斗也不知道该怎么斗了——谁知道老皇帝青睐的是谁啊!就算想斗都不知道该斗谁,随意攻击别人只会增加自己的风险。采用"秘密立储"制度后,皇子内斗的情况少多了,清朝皇帝可以选择更理想的

---

[1] 福格《听雨丛谈》:"每日皇子于卯初入学,未正二刻散学。散学后习步射,在圆明园五日一习马射。寒暑无间,虽婚娶封爵后,读书不辍。……每日功课,入学先学蒙古语二句,挽竹板弓数开,读清文书二刻,自卯正末刻读汉书,申初二刻散学。散学后晚食。食已,射箭。每日一朝于上前及皇太后、皇后宫。率以为常,惟元旦、端阳、中秋、万寿、自寿,共放五日,余日虽除夕亦不辍也。"

人来继承皇位，出现胡闹的皇帝的可能性也小了。

除了皇帝不可靠，明朝还有一个问题是"大臣和地主总会钻制度漏洞"，这是每一个古代王朝都会遇到的问题，清朝也不例外。

清朝皇帝没有办法根除这个问题，但是提出了更好的解决方案，就是"秘密奏折"制度。

在过去的王朝里，皇帝处理的文件都是从半公开渠道交上来的，经手的高层官员都知道这些文件上写了什么。比如户部要交一份经济报告给皇帝，那这份文件先要交到宰相的手里，几位宰相看了，写上自己的意见，然后再交给皇帝裁断。在这个过程中，户部的官员、宰相、宰相的秘书都知道这份文件上写了什么。一些重要的消息很快就会在朝廷里传开。如果有一份文件对某个大臣不利，很可能皇帝在看到这份文件之前，那个大臣已经得到了小道消息，并想好应该怎么应对了。

这种半公开的工作方式适合大臣们对皇帝进行监督，皇帝不能下达太违反道德规范的命令，否则就会像正德皇帝那样犯了众怒。但是这种制度也方便大臣合谋欺骗皇帝。用现代的话说，古代皇帝和大臣之间存在"信息不对称"现象，大臣们因为更接近基层，在局部的事情上掌握的信息总会比皇帝多，所以更容易引导和说服皇帝。[1]

从雍正皇帝开始，清朝逐渐采用秘密奏折制度。"奏折"是大臣写给皇帝的私密信件，只有大臣和皇帝两个人能看到。原本奏折只用来进行普通的工作汇报，比如地方官员向皇帝报告当地的天

---

1 弗朗西斯·福山：《政治秩序的起源：从前人类时代到法国大革命》，毛俊杰译，广西师范大学出版社，2012，第303—304页。

气、风土人情什么的。从康熙晚年开始，奏折变得越来越重要。等到雍正的时候，奏折已经是十分重要的统治手段了，某些级别以上的官员必须定期给皇帝写奏折。[1] 皇帝通过回复奏折向这些大臣直接下达指示，很多国家大事都是通过奏折安排的。

秘密奏折制度扭转了皇帝和大臣之间信息不对称的局面，皇帝拥有了信息优势。皇帝可以通过奏折向不同的大臣打听同一件事，大臣在汇报的时候就不太敢撒谎了——谁知道皇帝都问了谁，别人都是怎么回答的啊。皇帝在安排工作的时候，也可以下达更复杂的指示，每个官员得到的都是整个计划的一小部分，谁也不知道皇帝的整体安排是什么，糊弄皇帝的可能性就小多了。

当然，皇帝拥有信息优势也是有代价的。皇帝要处理的秘密信息越多，平时的工作也就越多。

清代的皇帝也有自己的秘书处，雍正设立了"军机处"。对于不太重要的奏折，皇帝会交给军机处处理。遇到难题，皇帝也会召集信得过的大臣一起商量。总之，清朝的皇帝也会找人帮他干活儿，但是因为这件事的本质是皇帝通过"增加掌握的信息量"来提高自己对百官的控制力，所以皇帝工作量的增加是必然的。[2] 说白了就是，皇帝如果想真正地乾纲独断，就必须尽量多地暗中了解各级的消息。因此雍正皇帝特意扩大了上奏折的官员的范围，让地方的中层官员也能上奏折，这样才能提高皇帝对基层的控制力。

这样做的结果是，清朝皇帝工作的时间特别长。清朝的皇帝比

---

1 《世宗宪皇帝上谕内阁》："今著尔等各科道每日一人上一密折，轮流具奏，或二三人同日具奏一折，一折只言一事。无论大小事务，皆可据实陈之，即或无事可言，折内亦必声明无可言之故。"
2 孟森：《清史讲义》，中华书局，2010，第179—180页。

较勤政，基本上都是早晨四五点钟起床，多半天时间都在读书和工作，事情多的时候还会加班到半夜。[1]尤其像康熙这种特别勤政的皇帝，还要天天上朝，天天召集群臣开大会。[2]皇帝没有周末，没有寒暑假，没有退休，要没日没夜地干一辈子。康熙就跟官员抱怨过："你们这些当官的想退休了就能退休，可以回家抱孙子去，而我这个当皇帝的一天都不能休息。我就像一匹老马，甭管多累都得拉着国家这辆车往前走。你们也没人心疼我，天天催我干活儿，反正你们知道就算把我累死了也会有人顶替我。"——把当皇帝这事儿说得特别哀怨。[3]康熙、雍正、乾隆、嘉庆，都因为大臣不配合自己的工作发过脾气。大臣少送一天奏折，或者把今天的工作安排到明天去干，这些皇帝就大发雷霆，说些"我这皇帝没日没夜、不避寒暑地工作，你们还敢趁机偷懒"之类的话。这跟明朝"皇帝非要逃课，大臣们拉着死活不让走"的场面完全不同了。

　　清朝在古代的技术条件下，已经把"皇帝控制天下"这件事做到了极致。那么清朝真的可以避免历代王朝都逃不过的灭亡的悲剧吗？我们到下一篇玩一场游戏就知道了。

1　《清世宗实录》卷四十九："朕自朝至夕，凝坐殿室，披览各处章奏，目不停视，手不停批，训谕诸臣，日不下数千百言。"赵翼《檐曝杂记》卷一："上每晨起必以卯刻，长夏时天已向明，至冬月才五更尽也。……当西陲用兵，有军报至，虽夜半必亲览，趣召军机大臣指示机宜，动千百言。余时撰拟，自起草至作楷进呈或需一二时，上犹披衣待也。"

2　《康熙起居注》康熙二十六年："臣等谨念古时人君五日一听政，即以为甚勤。明朝创业之洪武及宣宗勤于政事，称为贤君，至今赞扬，亦不过五日一听政。今皇上日日听政，天下虽极升平，犹不少有间报，乃自古未有者。"《清实录·康熙实录》卷一百四十九："朕三十年来，每晨听政，面见诸臣，咨询得失，习以为常。"

3　《清圣祖实录》卷三百："臣下可仕则仕，可止则止，年老致政而归，抱子弄孙，犹得优游自适。为君者勤劬一生，了无休息之日。"《康熙起居注》康熙五十六年："此则诸臣视朕如驾车之马，纵至背疮足瘸，不能拽载，仍加鞭策，以为尔即踣毙，必有更换者，惟从旁笑视，竟无一人怜恤。"

知识卡

皇帝和官员之间的信息不对称

我们常说，制度永远都有漏洞，无论皇帝怎么防范都没用。这背后的根本原因是各级官员在具体的事情上，相比于皇帝拥有"信息优势"。具体经手某件事的官员知道的信息肯定比皇帝多，皇帝在做决策的时候就必须参考他们的判断。于是这些官员就可以在汇报的时候有所侧重，从而谋取私利。这个现象在经济学上叫作信息不对称。

这和前面说的"被关在办公室里的校长"是同一种情况。只要皇帝不亲自办事，就会被办事的人左右，再精明的皇帝也没有办法。

典型的例子是明朝的嘉靖皇帝。

嘉靖是个很精明的人，他到中年时已经知道怎么控制大臣了。满朝大臣都被他操纵得团团转。但是嘉靖后来沉迷道教修行，没时间工作，就把国家大事都委派给了大臣严嵩。具体事情让严嵩去办，嘉靖只听严嵩汇报。

因为嘉靖多疑又严酷，所以严嵩在嘉靖面前十分听话，皇上想要什么，他就赶紧去干什么。[1] 但是即便这样，嘉靖还总挑严嵩的错儿。因为嘉靖认为自己很精明，他不想被严嵩蒙骗，所以不会每件事都听严嵩的。

有时严嵩向皇帝提个建议："这件事我觉得这么办，对皇上您最好。"结果嘉靖故意说："不，这件事得那样办，严嵩你个老糊涂！"把严嵩责骂一顿，意思就是别以为你能掌控我，真正做主的还是我。[2]

嘉靖这么干很精明吧？可是严嵩很快就摸清了嘉靖的脾气。于是严嵩想做成什么事，他会故意反着说。他想害一个人，就在嘉靖皇帝面前使劲夸这个人，在夸奖的中间加上一个嘉靖特别看不惯的地方，然后继续夸这个人。

嘉靖在那闭眼听着听着，听到这一句就勃然大怒："好啊，严嵩，你糊涂！就这还是好

---

1 《明史纪事本末》卷五十四："况嵩又真能事帝者：帝以刚，嵩以柔。帝以骄，嵩以谨。帝以英察，嵩以朴诚。帝以独断，嵩以孤立。赃婪累累，嵩即自服帝前。人言籍籍，嵩遂狼狈求归。帝且谓嵩能附我，我自当怜嵩。……猜忌之主，喜用柔媚之臣，理有固然，无足怪者。"
2 《明史·严嵩传》："然帝虽甚亲礼嵩，亦不尽信其言，间一取独断，或故示异同，欲以杀离其势。"

人？给我处理他！"严嵩赶紧跪下发抖："皇上，我该死，我该死。"

　　嘉靖心里特别得意，以为自己掌控了局势，其实还是被严嵩耍了。[1]

　　严嵩这里利用的就是信息不对称：皇帝关于这个人的信息知道得比我少，你就必须听我的汇报。你只要听我的汇报，我就有办法利用汇报操纵你。在这个问题上，嘉靖是无解的。所以古代有一句俗话叫"县官不如现管"。别看统治者高高在上可以随意赏罚，但是在具体的某件事上，他的影响力远远不如具体负责管理的那个人，除非有机会让统治者接触到基层的消息。因此古代有些冤案，像清朝末年的"杨乃武和小白菜案"，只有故意闹大才有转机。

　　当然，古代的统治者想尽办法要减少信息不对称的出现。每个朝代都会有负责检举告状的"言官"，皇帝要多听听不同的声音，增加百官蒙骗皇帝的难度。

　　古代的皇帝特别反对官员"结党"，因为结党有利于百官统一口径蒙骗皇帝，所以朱元璋和朱棣喜欢用间谍刺探官员，所以清朝的皇帝采用了秘密奏折制度。但是信息最终是要汇总到皇帝的脑子里去的，只有皇帝本人尽量多工作，接触更多信息，才能真正减少信息不对称的出现。皇帝只要犯懒，哪怕像嘉靖一样精明，也难免被骗。

　　就算皇帝使尽浑身解数，信息不对称还是会存在。尤其是中国幅员辽阔，信息传递不方便，边远地区想要蒙骗皇帝太容易了。所以古代才有俗语"天高皇帝远"，意思是只要距离皇帝足够远，皇帝就管不着了。

　　由于古代皇帝长期处在信息不对称的焦虑中，他们对那些不能经常见面的官员总是充满了疑虑。于是古代中央机构的变化有一条规律：皇帝会不断提拔身边的近臣。

　　皇帝不太喜欢那些成天在皇宫外办公的大臣，觉得他们跟自己距离远，不是"自己人"。皇帝更喜欢身边的秘书和顾问，他觉得这帮人和自己朝夕相处，权力不是很大，更信得过。因此皇帝愿意扩大秘书和顾问的权力，把越来越多的事情交给他们办。最后，这些秘书和顾问每天要办的事情实在太多，逐渐就变成固定的官僚结构，成了实质上的宰相。等到老皇帝驾崩，新皇帝即位，新皇帝又开始对他们不信任，重新提拔身边人……

　　类似的例子有很多，比如汉代的"尚书"、唐代的"中书""门下""翰林院"、明代的"内阁"、清代的"南书房""军机处"。它们之前都是皇帝的秘书机构，后来权力越来越大，

---

[1] 《明史·严嵩传》："嵩父子独得帝窾要，欲有所救解，嵩必顺帝意痛诋之，而婉曲解释以中帝所不忍。即欲排陷者，必先称其媺，而以微言中之，或触帝所耻与讳。以是移帝喜怒，往往不失。"

成了正式或者半正式的中央机构。明朝宦官一度执掌大权，也是因为他们负责秘书工作。

刚刚说的是中央机构的规律，那么在地方上呢？

比起中央机构，皇帝更不信任地方上的官员了，为此皇帝会从中央不断派出监察官员，让他们巡视地方。时间长了，皇帝越来越依赖这些监察官员，他们逐渐固定下来，变成新的地方官员。比如汉代的"刺史"、唐代的"节度使"、元代的"行省"、明清的"总督""巡抚"，原本都是中央派到地方的巡查人员或者临时机构，最后成了常设的地方官。

假如把安禄山传送到清朝

文字狱

这一次咱们来玩一个"破坏大挑战"的游戏。

在上一篇里咱们说,清朝吸取了历代王朝的历史经验,它的制度比较稳定。那到底有多稳定呢?光看已经发生的历史没什么意思,咱们这次要给清朝一个前所未有的挑战。

假设咱们有一台时光穿梭机,可以把之前讲过的历史人物都传送到清朝,这回咱们专门传送那些破坏过王朝制度的人,看看他们能对清朝造成什么破坏。时间点,就选在清朝最有代表性的乾隆时期。

咱们先传送一个能打的人——安禄山。唐朝当年那么强大,就因为安禄山发动的安史之乱,一下子就衰落了。

安禄山是怎么造反的呢?当时唐朝边境的军事压力太大,没有能力的人不能担此重任,而安禄山能力出众,一人兼任三镇节度使,一个人控制了三大军区的兵权、财政权和人事权。最后安禄山就能造反了。

咱们现在就把安禄山传送到清朝。到了清朝，安禄山的职位大致相当于"总督"。清朝的总督既可以管理几个省的军事，也能管理老百姓，听着权力很大吧？但是在清朝，地方大员除总督外还有"巡抚"。巡抚也是既管军事，又管老百姓。一般来说，总督偏向军事，巡抚偏向民政，税收和钱粮由巡抚掌握。这样一来，一个地方有两个大官，总督就不能独揽大权了。而且总督还不能任命官员，他下面的官员都是朝廷任命的。清朝的总督还会经常轮换，不会在一个地方任职太久，所以他手下的官员有很多跟他都不是一条心。就算总督想造反，他手下的官员也不一定听他的。而且这些官员里有好多人能给皇帝上奏折，他们中有不少人巴不得总督倒台呢——空出位子来他们才有机会补上啊。就算总督不犯错，这些人还有可能捕风捉影告黑状。造反这么大的事，在谋划阶段就要涉及很多人，不走漏风声是很难的。因此总督安禄山开始谋反的时候，乾隆皇帝就已经知道了，还没等造反发生，安禄山已经被钦差扔进囚车了。

另外，清朝各地还有长期驻防的八旗军，这些军人不受总督的指挥，也能起到预防叛乱的作用。

最后，安禄山造反还可能和他读书少有关。有的儒家学者认为，安禄山没有受过儒家的教育，不知道礼义廉耻，所以才容易造反。而清代的总督受教育程度普遍很高，很多人都在科举考试中拿过很高的名次。多年的儒家教育让他们在造反时多少会有点儿道德顾虑。后来到了清朝末年，清朝的统治已经岌岌可危，用来防范总督的规定大都失效了，像曾国藩之类的地方大员，实力已经远超当年的安禄山，真要造反大清朝也就完了。可是曾国藩等人认为忠于皇帝是至高无上的义务，又帮助清朝延续了不少年。

总而言之，在清朝，地方大员、各级将军很难对皇帝造成威胁。

传送安禄山破坏不了清朝，那换一个聪明点儿的传送过去呢？比如"超级学霸"王莽。

西汉末年，王莽靠好好学习和成为道德模范，当上了最高等级的官员。因为他的各种行为都符合传说中的"圣人"，在当时人们心目中的声望特别高，后来就取代了皇帝。

那把这样一个"品德高尚"的人传送到清朝，能不能取代乾隆呢？

王莽在汉朝做到了最有权力的大臣，在清朝乾隆时，这个职位大致相当于军机大臣。军机处是皇帝的秘书处，军机大臣类似皇帝的私人秘书。皇帝每天要看大量的奏折，处理大量的事情，很多工作都需要军机大臣帮忙。比如一些奏折交给军机大臣阅读、写意见，一些事情皇帝会找军机大臣商量，一些需要皇帝发出的文件也由军机大臣代笔。

军机大臣因为能跟皇帝朝夕相处，所以可以知道好多高层机密，影响皇帝的决定。因此在清代，军机大臣有时被称作"没有名分的宰相"。但是，军机大臣和真正的宰相还不一样，因为军机处不是正规的管理机构。作为皇帝的秘书，军机大臣自己写的文件没有法律效力，只有经过皇帝盖章的命令才管用。而且军机大臣不像宰相那样有特别正式的办公机构，他们办事的地方是皇宫内几间简单的小房子，禁止外官擅自入内。为了避免嫌疑，军机大臣自己也尽量减少和外官的接触。清朝的皇帝不总在紫禁城里待着，他们每年在圆明园和避暑山庄里都会住不短的时间。皇帝一搬家，军机大臣也要跟着搬，时刻陪在皇帝身边值班。这样一来，军机大臣就不能像过去的宰相那样，有自己独立的办公机构，甚至躲在皇宫外面处理国家大事。军机大臣的一举一动都在皇帝的眼皮底下。在这种情况下，作为军机大臣的王莽就不可能谋划篡位了。

历史上的王莽还有道德声望，那王莽依靠自己的声望，联合百官威逼皇帝行不行？假设天下人都认为王莽是大圣人，比乾隆皇帝还英明，那王莽能不能联合崇拜者威逼皇帝呢？还是不行。在清朝，根本不允许大臣的名声超过皇帝。康熙、雍正、乾隆都搞过非常严酷的文字狱，大臣私下里写的一两个字犯了忌讳，都是满门抄斩的大罪。再加上乾隆本人又超级小心眼儿，在他的眼皮底下，不可能有大臣达到王莽当年十分之一的声望。

在乾隆晚年的时候，有个叫尹嘉铨的大臣向乾隆上了一份奏折，想替自己已故的父亲讨要一个荣誉称号。这是个破格的要求，不合当时的规矩，但是本身也不算什么大事。有点儿类似一个"德、智、体"都不太好的学生，举手对老师说："您能不能替我申请一个市级三好学生？您就破例一回吧，求求您了。"这要求确实不太合适，但最多也就算是沽名钓誉，皇帝斥责一下也就是了。可是乾隆勃然大怒，认为这是超级严重的大罪，下令把尹嘉铨逮捕抄家，从他的家中搜罗更多的罪证。

其实所谓的罪证，不过就是尹嘉铨平时写的诗文中有一些私下里吹牛的文字，现在全成了狂悖忤逆的大罪。尤其让乾隆愤怒的是，这位尹大人自称"古稀老人"。"人生七十古来稀"的说法来自杜甫的诗，当时的读书人都知道这个典故。于是尹嘉铨到了七十岁后，也自称"古稀老人"。这可犯了乾隆的大忌讳，因为前不久乾隆过七十岁生日时，写了一篇文章《古稀说》，说他自己是

"古稀老人"。审案的大臣们气势汹汹地责问尹嘉铨："皇上写过的《古稀说》你一定看过。既然看过，你怎么还敢跟皇上用同一个称呼？"大臣们理直气壮得让人哑口无言，尹嘉铨只好承认自己糊涂透顶。再加上其他一些捕风捉影的"罪行"，尹嘉铨被乾隆皇帝"开恩"免于凌迟，改成绞刑了。

清朝的统治者极其警惕臣民的文字，稍稍有一点儿不尊敬皇帝的苗头，就会被下狱抄家，罗织罪名，处决流放。因此王莽如果被传送到清朝，别说声望超过皇帝了，只要有一点点声望冒出来，让皇帝闻到不老实的味道，今天还是军机大臣，明天就会进监狱，后天抄家的队伍就进了王莽的家，大后天王莽所有文字中的"罪证"就摆满了乾隆皇帝的桌子。乾隆只要稍稍暗示一下，自有一帮大臣给王莽拟上百八十条大罪，说别看王莽表面道貌岸然，其实私下里忤逆犯上、花天酒地、霸占民女，连路边遇见一条狗都要踹上一脚。再出示一件件人证、物证，包括王莽自己的口供，时间、地点、证人写得清清楚楚，跟真事儿一样。等判决出来了，王莽还得磕头谢恩："若不是皇上及时点醒，罪臣还不知道要糊涂到什么时候！"接着，公开王莽罪行，处决王莽本人，流放王莽全家，王莽的文集、诗集全都销毁，跟王莽有关的朋友、学生永不录用。这一套流程走下来，王莽之前就算再有声望，在这之后也没人敢提了。

所以，传送王莽也没法儿破坏乾隆的统治。那咱们试试传送王安石呢？

当年王安石变法的初衷是好的，但是王安石拉拢同党，凡是反对变法的大臣都被当成敌人赶出朝廷。这样一来，大臣们在朝廷里斗来斗去，大家都不肯平心静气地谈论政策得失，把正事都耽误了。那咱们把王安石传送到清朝，能不能通过他的拉拢同党，让朝廷乱起来呢？

假设王安石被传送到清朝，当了一个大官，而且一心要变法。于是有一天王安石写了一份关于变法的文件交给皇帝。与此同时，王安石到处联络与自己观点相近的同僚，希望大家配合他一起给皇帝上书，壮大自己的声势。

可奇怪的是，王安石发现平时对他笑眯眯的同僚，这次见他都跟见了鬼一样。王安石刚提到变法，人家慌忙说："我还有事，我还有事，改天再……"话还没说完人就跑了。

为什么大家这么害怕王安石呢？

因为王安石触碰到了皇帝的逆鳞。在皇帝看来，大臣结党就是私下里成立小团体。哪怕你们成立的初衷再伟大，对皇帝再忠诚，这种私下里"嘀嘀咕咕"的行为也是对皇权的威胁——有什么话不能直接跟皇上说啊？为此，雍正皇帝专门写了一篇叫《御制朋党论》的文章，宣布大臣以任何理由结党都是卑鄙无耻的行为，都罪该万死。

这也是雍正强化秘密奏折制度的另一个原因：有了奏折后，大臣对朝政有什么想法都可通过奏折跟皇帝私下联系。皇帝觉得这件事可以办，也是通过奏折把执行的细节先安排好。一切安排妥当后，大臣再写一份公开的文件交上去让皇上批准。这份公开文件只是走一个流程。所以，王安石没有经过皇帝的准许就开始大肆宣扬自己的观点，这是不懂官场规矩。私下里拉拢同僚，这是犯了官场大忌。大家伙儿看见王安石都唯恐避之不及，因为他们知道过不了几天，就会有一道惩治王安石的圣旨发下来，王大人也得来一套下狱抄家的流程，最后还得给皇上磕头谢恩呢。

传送王安石也搞不乱朝廷，那还有谁呢？比如皇室成员？传送明朝的正德皇帝来给乾隆当儿子？就他那贪玩程度，上学这关就撑不下来啊。再加上清朝的"秘密立储"制度，正德能当皇帝的可能性就更小了。

那么来个能力强点儿的皇子怎么样？比如李世民。能力强，会打仗，声望高，一言不合就搞军事政变，把父皇逼下台。那咱们把他传送过去对付得了乾隆吗？还是不行。

首先，因为有"秘密立储"制度，李世民根本没有发动政变的必要。因为他不知道皇帝指定的继承人是不是自己。没准儿还能当合法的皇帝呢，为什么非要冒着生命危险当非法的呢？

更重要的是，皇子造反必须先掌握军队。李世民能成功发动政变，是因为他在唐朝开国时立下了战功，在军队中有威望。明朝朱棣能造反，是因为他被封为藩王，手下本来就有军队。清朝吸取了这些王朝的教训，对皇子严加防范。在没有皇帝批准的情况下，严禁皇子私自出京。只要不让皇子掌握军队，政变也就没什么可能了。

另外，皇子要造反的话，总得先得到大臣的支持吧。但是清朝特别注意防范皇子和大臣的交往。比如乾隆的时候，有个外地的大臣给乾隆的儿孙送了几条鱼。几条鱼而已嘛，又不是什么金银财宝，可是几个儿孙都吓坏了，不敢收鱼，立刻把这件事报告给乾隆，举报那位大臣非法送鱼。乾隆还表扬这几个儿孙举报得好，把那个送鱼的大臣骂了一顿。[1]

---

[1] 《清高宗实录》卷一千一百一十九："据六阿哥、绵恩阿哥奏称，巡抚喀宁阿，平日并无往来。忽呈递请安片子，并送鱼数尾，未便收受等语，阿哥等驳回甚是……喀宁阿，著传旨申饬。"

你看，几条鱼都让皇子们紧张成这样，那皇子还怎么培植势力呢？就算把李世民和朱棣打包传送到清朝，他们俩也都得做乖宝宝，唯一想的是下次面圣的时候怎么能哄皇阿玛高兴，争取让他老人家把自己写进"秘密立储"的名单里。

总之，传送皇室成员李世民也不行。

咱们这么一一算来，中国古代各种亡国的原因已经被清朝统治者防范得七七八八了。难怪乾隆晚年时曾得意扬扬地说，历朝历代亡国的原因，本朝一概没有。[1]——这大清朝，多完美啊！

真的是这样吗？

---

1 《清高宗实录》卷一千一百十二："前代所以亡国者，曰强藩、曰外患、曰权臣、曰外戚、曰女谒、曰宦寺、曰奸臣、曰佞幸，今皆无一仿佛者。"

假如陨石摧毁英伦三岛

火耗归公

前面说到，清朝的统治者汲取了历代王朝的经验，和之前的王朝相比制度最完善、最稳定。那么，一种特别稳定的制度，最容易被什么东西摧毁呢？

最容易被世界的变化摧毁。

稳定意味着不容易适应变化。偏偏清朝时，世界正在经历人类历史上最剧烈的变化：欧洲发生工业革命，生产力突飞猛进，帝国主义带着中国人从没见过的坚船利炮打破了大清朝的美梦。

其实工业革命对全体人类来说，都是一场意想不到的突变。如果西方没有发生工业革命呢？假设英国人正在鼓捣纺织机的时候，突然从天上掉下来一颗大陨石，咣当一下子把英伦三岛砸沉了（如果不放心，再往法兰西科学院扔两颗）。总之，西方工业革命的进程被陨石大大减缓了，至少在一两百年内，外国殖民者的坚船利炮搞不出来了。那么乾隆皇帝的美梦就可以永远做下去了吗？

怎么可能？！

古代王朝有个永远解决不了的问题：制度的漏洞会越来越大。

针对局部的一件事，皇帝能获得的信息永远比经手的官员、地主要少。经手的人一定有办法利用自己的信息优势欺骗皇帝。这就是"钻漏洞"这件事的本质。

清朝皇帝非常勤政，他们一方面要通过处理海量的信息降低自己在信息不对称局面中的劣势；另一方面要修改制度，把已经有的漏洞堵上。

比如雍正就办过一件堵漏洞的大事，这个漏洞叫作"火耗"。

清代的时候，百姓交的税是白银。但是老百姓交上去的白银是碎银子，官府要把这些碎银子熔化了，做成大块的银子上交国库。在熔化和铸造的过程中，银子会有一些损耗。国库里的钱肯定是不能少的，各级官员也不会自掏腰包，那中间损失的银子谁出呢？就只能让老百姓承担了。于是基层官吏在向老百姓收银子的时候，会额外收一份，这份银子就是"火耗"。

可实际上在熔化的过程中到底损失了多少银子，这事儿谁也说不清楚，这些官吏也没打算跟老百姓说清楚。他们只是把火耗当成一个额外收入的名目，随意定一个数字，多出来的钱就成了官吏的灰色收入，其实就是变相贪污。这就是典型的制度漏洞。

既然是漏洞，从中获利的人总希望把这个漏洞弄得越大越好，所以只要朝廷不管，火耗的数额就会越来越高。甚至在一些地区出现了极端情况，火耗是正常税收的好几倍。也就是说，老百姓每交一两银子的税，就要多交好几两银子的火耗。这多出来的好几两都归地方官了，等于官员私人拿的钱是上交朝廷的好几倍。

朝廷当然不愿意啦。可是火耗的存在也有客观原因，清政府规定的官员收入确实太低了。古代官员不仅要养活自己和家人，还要出钱养活手下的办事员。官员仅凭自己的工资连正常的生活都维持不下去，离开火耗也不行。

那怎么办呢？

雍正的办法是把火耗制度化。国家制定一个税收标准，统一征收火耗，再用这笔钱给官员涨薪水。这个政策叫作"火耗归公"，把收取火耗这件事变成国家政策了。这样一来，百姓多交了多少钱，官员收了多少钱，国家都能控制。百姓交的钱比过去少了，官员的灰色收入没有政策风险了，朝廷对官员的监督加强了，这个漏洞就等于被雍正堵上了。"火耗归公"也成了雍正的一项重要功绩。

可是没过几年，这套制度就失效了。这是怎么回事呢？

古代的基层政府经常会遇到各种临时任务，比如天上下大雨，本地的道路被大水冲垮了，那就得修路，对吧？修路得雇好多人，花好多钱，这钱怎么出呢？遇到这种情况，县衙会在正常的税收之外临时多收一笔钱，也就是对老百姓说："咱们这几年多辛苦一点儿啊，每年多交一点儿钱用来修路。等这条路修好了，这笔钱就不收了。"

接下来的几年里，老百姓每年都老老实实地多交这笔钱，交来交去也交习惯了。等到这条路修好了，大家也忘了这笔钱原本是用来做什么的了。收钱的官吏们一看，反正老百姓都在老实交钱，为什么要平白无故地把这笔钱取消呢？于是这笔钱还是年年收，但是都跑到官员自己的口袋里了。换句话说，这笔钱就变成新的火耗了。

雍正搞"火耗归公"没过几年，有些省份就出现了这样的情况。当地政府开始找老百姓多收一笔钱，就说用这笔钱来办"衙门杂事"，其实就是"火耗"换了个名字。

倒霉的还是老百姓。本来火耗就是多交的，现在成了制度，被国家收走了，还要额外交一份，负担更重了。

这种现象有一个术语，叫作"黄宗羲定律"[1]。意思是说，在古代，不管政府怎么规范税收，怎么把灰色税收纳入正规渠道，最后一定会产生新的灰色税收。说白了就是，无论皇帝怎么去堵漏洞，时间一长，一定会有人戳开新的漏洞。漏洞永远都有，倒霉的永远都是老百姓。

再举一个雍正时期的例子，这个例子更有意思。

当时国家按照百姓拥有的田地数量收税。家里的地越多，交的税越多，穷人如果没地就不用交税。这个政策对老百姓来说是好事吧？

清朝的皇帝还宣布，以后朝廷不再加税，不给老百姓增加负担——这对老百姓来说当然是大好事啊。

现在只收田地税，又不加税，那么增加国家收入的唯一办法就是开垦荒地。于是国家为了富强，就要鼓励老百姓开垦荒地——这也没错吧？

于是皇帝就向各地的大臣宣布："开垦荒地是利国利民的好事，你们要尽全力支持开荒，谁开垦的荒地多，我就奖励谁。"于是地方官为了讨皇帝高兴，为了能升官，就动起了歪脑子：夸大开垦荒地的数量不就可以了吗？比如老百姓开垦了十亩，官员就向皇帝汇报说开垦了一百亩，皇上也不会自己亲自来检查呀。

皇上听说田地变多了，当然很高兴，于是在朝廷的文件上，这

---

[1] 出自秦晖论文《并税式改革与"黄宗羲定律"》，由秦晖根据黄宗羲的观点总结而来。——编者注

个地方的田多了，应该交的税就多了。但其实老百姓没开垦那么多地，那怎么办呢？于是这个地方官就把应该多交的税，均摊到原来的老百姓身上。[1]

您发现了吗？朝廷做的每一件事出发点都没错，但结果是什么呢？是朝廷信誓旦旦地承诺不加税，老百姓交的税还是多了，老百姓痛恨朝廷；朝廷本来想多开垦荒地，但实际上荒地也没有开垦多少。这里唯一占便宜的是地方官，他撒了一个谎，就轻轻松松地升官了。

这件事的本质，还是执行命令的官员钻漏洞，借用百姓的税赋浇灌自己的前途。这和过去那些大地主隐瞒人口的行为没有本质的区别。

如果清朝的皇帝可以不断地整顿政务，不断地改进制度，不断地堵漏洞，那灭亡的速度可能还会慢一点儿。偏偏清朝对皇子的严酷教育中，有很重要的一条是"因循守旧"，强调一定要参照前辈皇帝的做法。到了乾隆之后的皇帝身上，这种趋势变得更明显，制度的漏洞也就变得更大了。等到乾隆晚年的时候，清朝的统治已经开始走下坡路。就算没有西方的殖民者，清朝也会在越来越大的漏洞中走向崩溃。

其中最可能给清政府带来麻烦的，是人口过多。

在古代，统治者一向认为人口越多越好。因为在农业时代，人口越多就意味着有越多的人种地、当兵、做工、经商，国家的生产力就越高。但是因为清朝的统治"太成功"，导致人口数量太多，

---

[1] 何平：《清代赋税政策研究：1644—1840年》，中国社会科学出版社，1998，第35页。

有些地区的人口数量超过了土地的承受能力。也就是说，无论当地的百姓怎么拼命生产粮食，土地上产出的粮食也不够吃了。那人们只有离开家乡，到其他地方讨生活。

在我们今天，离开家乡不是一件大事。我们只要有钱就可以到处旅行，这是因为现代社会的制度能够保障老百姓的安全。但是古代社会不是这样。

假如你是一个清代的普通老百姓，离开家乡去讨生活，你会遇到什么呢？

首先，你随时可能被抢劫。你遇到劫匪了也没处报警，因为古代没有警察。所谓的捕快、衙役，那不是上街巡逻为人民服务的，那是给官老爷们干活儿的。官老爷生气的时候他们才会如狼似虎地出来抓人，咱们老百姓可指使不动他们。

更要命的是，如果欺负你的是当地人，那就更没处说理了。比如你到了王家村，被王家村的村民欺负了。你忍无可忍告到当地县衙，县老爷一看："哦，一个是咱们王家村的本地人，一个是外地人。"那判案的结果，很可能是把你这个外地人打一顿，还教训你说："怎么不好好在自己家乡待着，没事乱跑什么？一看你就不是正经人，小心拿你下大狱！"

这是因为古代政府的基层管理能力有限。为了防止县老爷和本地人一起骗皇帝，地方官都是外地人。县老爷作为一个外地人，带着几个随从跑到一个陌生地方上任，人生地不熟的，他只能依靠本地人帮他办事，尤其是本地的大家族。什么征税啊，调解纠纷啊，全靠这些大家族配合。于是县老爷断案的时候，一看下面跪着的，一边是没权没势的外地老百姓，另一边是本地宗族老太爷的三表弟的二大爷的五侄子的四外甥，你说县老爷怎么判？

所以古代有一句话叫"强龙难压地头蛇",还有一句话叫"在家千日好,出门一时难"。因为古代老百姓离开了家乡,离开了宗族的保护,很容易被别人欺负。但是清朝人口太多,很多人不得不离开家乡,那这些人怎么办呢?

唯一的办法,是这些背井离乡的人联合在一起,互相帮助。这样一来,在清朝的基层就出现了很多宗族之外的小团体。它们被历史学家称作"秘密结社",也就是私下里秘密组织的社会团体。

比如你可能听说过清朝有一个叫"天地会"的秘密组织。在小说和电影里,天地会的宗旨是"反清复明",干的是推翻清政府的大事。但在真实的历史里,天地会其实是流动人口互相帮助的组织。天地会的创立者就说过,老百姓加入他们的目的很单纯,就是希望能在婚丧嫁娶的时候,可以互相资助金钱;打架的时候有人帮忙;遇到抢劫的,大家一亮暗号,发现是自己人就不抢了。[1]

你看天地会干的这几件事:经济上的帮助和人身安全的保护,这其实就把原来地主和宗族的工作给做了。如果清朝的统治者能察觉到历史的大趋势,把这些秘密会社纳入自己的管理体系里,那社会矛盾还可以适当缓和。可是"因循守旧"的基因让清朝统治者面对新事物的本能反应是剿灭扼杀。清政府花了很大力气剿灭这些会社,可是流动人口增加的大趋势是改变不了的。到了乾隆晚年的时候,这些会社已经非常强大,不断进行武装起义了。到了嘉庆皇帝的时候,秘密结社闹得更厉害了,有一次甚至打进了紫禁城。

攻入皇宫的人很快被官兵剿灭,但是嘉庆皇帝吓坏了。大清国最神圣的场所,被人拿着刀枪杀进来了,这是从来没有过的事

---

[1] 秦宝琦、孟超:《秘密结社与清代社会》,天津古籍出版社,2008,第81页。

啊。嘉庆发了很大的脾气，大张旗鼓地处罚大臣、整顿官场、搜捕罪犯，连那一年的生日都没有好好儿过，意思是说："国家都这样了，大家都好好反省，我还有什么心思过生日！"[1]

那你说，嘉庆皇帝的这一顿操作有用吗？当然没用，因为制度没有改变。

嘉庆皇帝的后面是道光皇帝，道光皇帝后面是咸丰皇帝。这位咸丰皇帝更惨，他当上皇帝后收到的第一份公文，就是报告广西出现了叛乱。咸丰一看这哪行啊，上班第一天就出乱子，我得好好解决啊。于是咸丰就甩开膀子拼命工作，不停地拨款、调动军队，辛辛苦苦工作了三个月，好不容易把这伙起义军消灭了。这事儿刚过去半年，咸丰正过着自己当皇帝后的第一个春节，他又收到一份报告。广西又有人造反了，造反的首领正是洪秀全。

咸丰又赶紧一顿工作，调动军队，拨款，折腾到最后，洪秀全把中国南方的几个重要城市全打下来了，在南京建立了都城，号称"太平天国"。随后，一支起义军直接进攻北京城，打到了天津郊区，离京城已经很近了。京城内乱作一团，好多大臣向皇上请假，带着全家跑出京城。富家大户跑出去的更是不计其数，车马费用翻了好几倍，已然是王朝末年的景象了。

虽然洪秀全的军队最后被清军打败，但是这场战争耗光了清朝的军队和国库。清政府最后是靠地方官员自己筹款，自己征兵，用地方官的私人部队把洪秀全打败的。等这场仗打完后，很多地方官已经同时拥有财政权和兵权，地位有点儿接近唐朝末年的节度

---

1 《清仁宗实录》卷二百七十五："十月初六日，为朕寿辰，国家典礼，自初三日至初九日，俱穿蟒袍补褂；正日，御正大光明殿受贺，此定例也。今岁突遇此祸，若仍照常年典礼而行，朕实无颜受贺。况军书交驰，邪氛未靖，尚有何心宴乐乎！"

了。这时的清政府已经处在灭亡的边缘了。

换句话说，就算没有西方的工业革命，没有帝国主义的入侵，清朝也会因为越来越多的制度漏洞，因为"秘密结社"之类的社会问题走向灭亡。

假如中国历史是一艘船

五分钟记住中国史

这一次，我要把整个中国古代史变成一个五分钟就能读完的小故事。如果你觉得中国历史太长、太复杂，那只要记住这个小故事就可以了。这是一个关于航行的故事。

从前有一条大河，在这条大河的上游住着一群原始人。有一天，他们对这条河产生了好奇心，想知道它会通向哪里。于是他们决定造一艘船，顺流而下，看看外面的世界是什么样子的。

这些人之前没有任何经验，完全不知道该怎么造一艘船。大家的想法很简单：既然木头可以浮在水面上，那我们就找几根树干绑在一起，做一只木头筏子好了。

于是大家就做了一只简易的木头筏子，顺流而下。

这只木筏就是中华文明最开始的阶段。中国大地上出现了部落，他们团结在一起，探索未知的世界。

人们坐着这只木筏顺流而下。渐渐地，河水变得越来越急，浪越来越大。有好几次,大浪差点把木筏掀翻。筏子上的人很着急。人们想:要是这筏子能再大一点儿,操纵筏子的人再多一点儿,我们就能更安全一点儿。于是他们一边前进,一边收集了很多木头并绑在筏子上。如果遇到愿意一起搭船的人,也都让他们上来,大家一起走。

于是筏子上的人越来越多,筏子也变得越来越大。等筏子大到一定程度,出现了意想不到的问题:筏子上捆绑的木头太多,用来捆绑木头的绳子力量不够了。在河水的冲击下,木头之间的缝隙越来越大,眼看就要分崩离析。

这个阶段,就是中国从上古时期开始,经过夏、商、西周,一直到春秋时期的历史。夏商时代的"部落联盟制"和周代的"分封制"就像用来捆绑木筏的绳子,可以维持小规模的政权。当国家的规模大到一定程度后,制度的力量就不够了。到了春秋时期,统治逐渐走向分裂。

船上的人也不傻。他们眼看着木头越来越松散,也知道用绳子捆木头不是长久之计,但是该用什么办法代替呢?用钉子?胶水?榫卯拼接?当时有很多读书人发表意见,都说:"按照我的办法,这船绝对沉不了!"问题是侃侃而谈容易,真动手干活儿才难呢!好比榫卯拼接确实很厉害,可到底应该把木头雕成什么形状,具体几寸宽几寸长,这不亲手实践谁知道呀。

于是船上的人开始忙碌起来,你试你的,我试我的,都想率先找到拼接船只的秘诀。大多数人都失败了,但也都留下了宝贵的经验。最终,人们把木头勉强拼接在了一起——有的用钉子,有的用胶水,有的用榫卯,什么招儿都使了,反正管用就行。终于,这艘船的每一部分都连在了一起，变成了一艘很大的木船。大家看到船变得这么大，觉得非常安全。

这个阶段，就是中国从战国时期，经过秦朝，一直到汉武帝时期的历史。在这段历史里，统治者使尽浑身解数，努力维持越来越庞大的帝国。经过一次次的失败，直到汉武帝时期，终于摸索出维持庞大帝国的办法。

人们坐在大船上，心满意足地继续往前开。可是没过多久就遇到了第二个意外：船上出现漏洞，进水了。人们赶紧去堵。但因为这艘船上的木头是一点点拼凑起来的，没有严谨的结构，所以很多地方都很松散。好不容易堵住一个漏洞，别的地方又开始漏。最后船上的漏洞越来越多，进了好多水，船体岌岌可危。

后来，一个巨浪打过来，船撞到了岸边的石头上，船身都散架了。很多人掉到水里淹死了，少数人被冲上了河滩。大家抱着一块块残破的船板苟延残喘。

刚才船上出现的那些漏洞，说的是汉朝以来大肆兼并土地的世家豪族。那些大家族不断地从社会中吸走财富，他们吸走得越多，社会的根基就越脆弱。那个巨浪是西晋末年的战乱，它是压垮西晋政权的最后一根稻草。从此中国进入了东晋南北朝的分裂时期，就像那些被冲上河滩的船板。

人们被河水冲上了岸。这些人缓过劲儿后，开始反思：咱们怎么才能让这艘船一直航行下去呢？

大家商量了很久，得出结论：这次要精心设计这艘船，从一开始就要设计出完美的结构，尽量不留缝隙。说干就干，大家开始画图纸，采集木头，准备建造大船。

有了之前航行的经历，大家多少有一点儿经验了。于是人们造出了一艘精美的大船，继续航行。

这就是隋朝和唐朝，那个精心设计的结构就是官僚制度。

这艘船在河上航行了一段时间后，大家发现，之前想的有点儿简单了。设计船这种事太复杂了，好多问题在画图纸的时候根本想不到。航行了一段时间后，船上有些地方还是松掉了，有些地方又开始漏水。于是大家在这艘船上修修补补，一会儿在这边增加一块木板，一会儿在那边增加一个架子。结果船体结构越来越复杂，船变得越来越笨重，到最后重得甚至没法儿转弯了。当河道出现一个急转弯的时候，船冲上了浅滩，搁浅了。

前面说的漏水，就是从安史之乱到五代十国的连年战乱。船变得笨重无法转弯，说的是被繁复的制度拖了后腿的宋朝。船冲上浅滩搁浅，说的是宋朝被征服的历史。

搁浅后，船上的人都很沮丧，怎么开个船这么困难呢？过了一会儿，有人想到一个办法：其实这艘船还可以改进，可以规定每个人在船上都有自己固定的岗位，不能乱走乱动。这样能减少船上的不稳定因素，能让船比之前坚持更长的时间。

大家觉得这是一个好办法，于是重新修改了船的结构。安排好每个人的岗位，又开船了。这就是明朝。但是航行了一段时间后，船身各处逐渐有了磨损，慢慢地还是漏水了。

到清朝时，大家又想出了一个补救的办法：其他人都不动，让船长辛苦一点儿，在船上到处检查，发现一个漏洞堵一个。

这个办法有一点儿效果。船长忙得满头大汗，堵住了一些漏洞，但是最后船里进的水还是越来越多。眼看这艘船快要沉了，就在这时候，船驶入了一片港湾。船上的人被眼前的景象吓坏了，他们看到的，是一艘艘用钢铁打造的巨型战舰。

他们做梦都想不到，自己将会遭遇什么。

这个关于中国古代史的小故事讲完了。

在这个故事里，那条大河就是历史长河，那艘船就是中国的化身。在历史的长河中，中国人不断把沿途遇到的各种资源放在这艘船上，希望建造一艘永不沉没的巨轮。中国的古代史，就是这艘巨轮在航行中不断承受各种冲击，不断改进各种结构，逐渐成长并完善的历史。

这艘巨轮从上古时期经过几千年的航行，一路行驶到了我们身边。今天，这艘船已经开到了你的身边，你也是这艘船的船员。这艘船将会开向哪里，将会变成什么样子呢？这就要看你的了。

知识卡

什么是中国？

什么东西最适合代表中国呢？

这个问题可能没有标准答案。我有一个奇特的思路供你参考。

你知道"蝴蝶效应"吗？初始值极微小的扰动会造成系统巨大的变化。如果我们让历史事件重新发生一遍，但是改动其中一个非常细小的因素，那么后面的历史就会发生很大的变化。

比如明朝的皇帝朱元璋小时候当过乞丐。如果他当乞丐的时候被人杀死了，或者病死了，饿死了，那中国的历史会发生什么变化呢？

不会变的是，元朝还会灭亡，还会有人建立一个新的统一的王朝。这个王朝还会采用官僚和科举制度，会比之前的王朝更加稳定。但是这个王朝的国号就不是"大明"了，皇帝也不会姓朱了。这个王朝未必会取消宰相制度，也不一定有内阁和锦衣卫，郑和下西洋也不一定会发生。

这是"如果朱元璋当乞丐的时候就死掉"会出现的蝴蝶效应。

我们来想一个更难的问题：如果我们回到黄帝和炎帝的时代，也就是我们的祖先刚刚在黄河流域开始农耕生活的时代，所有的自然环境都不变，但是其中的人物变了，把当时的部落成员全换成另一群人，那么在整个中国历史里，什么会变，什么不会变？

这是个很难回答的问题，我说说我能想到的。

首先，所有历史上的名人都会变。历史上肯定还会有帝王将相，但都不是我们熟知的人了，名字、性格都变了。

语言和文字也会变。有可能还是方块字，但是每个字具体的写法、读音，跟我们现在看到的应该会有差别。有可能把这些字拿到我们的面前，我们都读不懂了。

服饰也会变。劳动人民穿的衣服应该不会变化很大，因为劳动人民追求实用。但是贵族衣服的样式会变。衣服的质地、染色的工艺不会变，但是具体剪裁成什么样子，怎么搭配颜色，用什么花纹，这些装饰性的内容很可能会变。

那什么不会变呢？

中国还是以农耕文明为主，以黄河流域为中心。中国还是会建立一个大一统的王朝。中原和游牧地区的关系也不会变。

因为还是农耕文明,所以老百姓的生活方式不会变,还是会崇尚勤俭节约的生活习惯。和生产有关的民俗也不会变,比如春节可能不叫春节了,但是一年中最盛大的节日还是会在冬天农闲的时候。

　　因为是农耕社会,所以大部分老百姓还是会以家族为单位生活,那么中国人重视家庭的观念就不会变。中国人还是会尊敬、孝顺长辈,认为一家人团圆和睦就是最幸福的生活。

　　汉字的写法和读音会变,所以经典作品的具体内容会变。但是经典作品看待世界的方式应该不会变,蕴藏在文字中的思想和审美也不会变。

　　以上这些是我想出来的答案,跟你的答案可能不一样。没关系,你自己得出的答案才是最重要的。得到这个答案后,我们或许知道了什么东西是"最中国"的,什么是凝结在我们的血液里最不可能改变的。是某一个帝王吗?是某一件衣服的款式吗?是某一种字体吗?还是其他的什么东西呢?什么是我们身为中国人永远无法丢弃的呢?